Marlies Kuhlmann

Schau mal, wie der Himmel fährt

Vergnügliches von
kleinen Erdenbürgern

Gesamtherstellung:

MERKUR VERLAG RINTELN Hutkap GmbH & Co. KG, 31735 Rinteln

ISBN 978-3-8120-0002-4

Alle Rechte liegen bei der Verfasserin. Nachdruck, auch auszugsweise, nur mit Genehmigung der Verfasserin.

Marlies Kuhlmann
Spellmannsbrink 8
32457 Porta Westfalica
mskuhlmann@gmx.de

Juli 2014

Titelbild: Jola (4)

Foto: Wolfgang Winkler

Marlies Kuhlmann, 1942 in Kleinenbremen geboren. Verheiratet, zwei erwachsene Kinder, drei Enkelkinder. Fachlehrerin an der Kreishandelslehranstalt in Rinteln von 1978 bis 1997.
Schreibt Gedichte und Geschichten für Kinder und Erwachsene.

Im Merkur Verlag Rinteln bereits erschienen:

„Damals, als Lisa ein kleines Mädchen war ..."
ISBN 978-3-8120-0009-1

„Luftballon und Riesenfüße – Anderswo-Geschichten"
ISBN 978-3-8120-0007-5

„HIER-Geschichten – Rund um Schaumburg, Porta Westfalica und Taubenberg"
ISBN 978-3-8120-0026-0

„Acht linke Schuhe – Menschengeschichten von gestern und heute"
ISBN 978-3-8120-0340-7

Vergnügliches von kleinen Erdenbürgern

Liebe Leserinnen, liebe Leser!

Seit vielen Jahren schreibe ich für Kinder, nun einiges über sie – die geliebten kleinen Erdenbürger. Die meisten Texte erzählen von unseren eigenen Kindern und Enkelkindern, andere von Nichten, Neffen, Freundes- oder Nachbarskindern, die in ihren ersten Lebensjahren den sie umgebenden und sie umhegenden Erwachsenen viel Freude bereiten können. Ich habe nette Begebenheiten – viel zu schade, um vergessen zu werden – immer wieder aufgeschrieben und gesammelt. Nun konnte ich die Aufzeichnungen als Grundlage für dieses Buch verwenden. Die Namen der Kinder wurden manchmal geändert, aus verständlichen Gründen.

Viel Spaß beim Lesen und Vorlesen!

Marlies Kuhlmann

Inhalt

Kinderlogik	9
Missverständnisse	19
Im Auto	27
Familiäres	32
Von Herzen	41
Schlafengehen	44
Mädchen und Jungen	47
Vom Sprechenlernen	51
Die Wortschöpfer	58
Fantasievoll	65
Kleine Besserwisser	68
Verwunderliches	73
Auch das noch!	82

Kinderlogik

Winterlinge

Max, gerade $2\frac{1}{2}$ Jahre alt, ist umgezogen. Nun wohnt er in einem großen, schon etwas älteren Haus in Bad Nenndorf. Und rings ums Haus gibt es einen zugewucherten Garten zu entdecken. Es wird langsam Frühling. Noch liegt ein Restchen Schnee unter den Büschen und auf dem Rasen, aber dazwischen leuchten schon die ersten gelben Frühblüher. Wie kleine gelbe Kugeln sehen sie aus.

„Winterlinge", sagt die Großmutter, „vorsichtig Max, nicht drauftreten. Die sind so schön." Max fasst die kleinen gelben Kugeln an und sagt: „Winterlinge."

Ein paar Tage später kann man sie an vielen Stellen im Garten finden. Max zeigt der Oma, wo überall sie im trockenen Laub leuchten. An einem besonders geschützten Platz steht eine einzelne Pflanze, voll erblüht. Max streicht über die gelben Blütenblätter und sagt: „Blume! Nisst Winterlinge".

Auf den Kopf

Paul (etwa zwei) sitzt in der Badewanne. Er hat eine Flasche mit Baby-Shampoo in der Hand. Aber es kommt nichts mehr heraus.

„Stell sie auf den Kopf", sagt Mama.

Paul nickt, nimmt die Flasche und stellt sie auf seinen Kopf.

Talsperre

Die Eltern machen mit Miriam einen Ausflug in den Harz. Bei schönstem Sonnenschein wandern sie am Ufer der Sösetalsperre entlang und dann über die Staumauer.

Interessiert schaut die Zweijährige hinunter zum Wasser und staunt: „Ohhh, da ham sie aber viel Wasser reinessüttet!"

Wie heißt dein Brüderchen?

Tante Monika soll auf Lukas und Philipp aufpassen. Die beiden haben ein Brüderchen bekommen. Mama ist noch im Krankenhaus. Papa will sie für eine Stunde allein besuchen. Gestern haben die beiden Großen das Baby begrüßen dürfen. Die „Großen" sind fünf und drei Jahre alt.

Lukas spielt im Wohnzimmer. Philipp, der Kleinere, liegt noch im Bett. Er hat gerade seinen Mittagsschlaf beendet. Tante Monika geht zu ihm hinein.

„Hallo, Philipp, bist du wach?"

„Hhm."

„Ich bleibe bei euch, bis der Papa aus dem Krankenhaus zurückkommt."

„Hhm."

„Freust du dich über das neue Brüderchen?"

„Hhm."

„Weißt du denn, wie es heißt?"

„Hhm."

„Nein richtig, sag mir den Namen."

„Elefant!", sagt Philipp laut und deutlich.

Tante Monika staunt und schüttelt den Kopf.

„Philipp, überleg noch mal. Wie heißt dein Brüderchen?"

„Elefant!"

„Das ist doch kein Name, das ist ein großes graues Tier mit einem Rüssel!"

„Hhm."

Tante Monika zieht Philipp an, und mit Lukas zusammen gehen sie auf den Spielplatz.

Tante Monika fragt noch einmal: „Philipp, sagst du mir jetzt, wie dein Brüderchen heißt?"

„Elefant!"

Da ist nichts zu machen.

Als sie vom Spielplatz zurückkommen, liegt die Lösung des Rätsels auf dem Tisch. Philipp schleppt das Bilderbuch von Benjamin Blümchen, dem Elefanten, herbei.

Er zeigt auf das große graue Tier mit dem Rüssel und sagt: „Elefant!"

Endlich begreift Tante Monika.

„Ja, Philipp, dein Brüderchen heißt Benjamin, so wie der Elefant in deinem Buch."

„Hhm!"

Ganz einfach

Oskar, Mama und Oma in Heiligendamm an der Ostsee. Sie sind die einzigen Touristen so früh am Morgen und marschieren auf die Seebrücke. Oma hat Angst, dass Oskar auf das Geländer klettert. Darf er nicht!! Mama gibt ihm seinen schönen grünen Trinkbecher.

„Gerne mag Wasser ich", sagt Oskar, trinkt und wirft den Becher ins Meer.

Oma ist verblüfft. Mama schimpft. Oskar weint.

Dann sagt er: „Ein Boot soll kommen!"

Nein, da kommt kein Boot, um den Becher zu retten, der schwimmt in der Ostsee.

„Rossmann hin", sagt Oskar.

Vorsicht!

Dirk und Papa gehen spazieren. Der Vater trifft einen Kollegen und begrüßt ihn mit Handschlag. Der Kleine soll auch „Guten Tag" sagen und die Hand geben.

„Erst mal begucken", sagt Dirk.

Was bin ich?

Großvater und Onkel Willi haben sich über Julius geärgert, der den ganzen Morgen Unsinn gemacht hat.

Beim Mittagessen sagt Onkel Willi: „Du bist ganz schön frech!"

„Nein, ich bin vier!", sagt Julius.

„Nein, du bist frech!", wiederholt Onkel Willi.

„Dann bin ich eben frech und vier!", sagt Julius.

Wörtlich genommen

Onkel Franz zeigt Leo einen Käfer.

„Der heißt Feuerkäfer", sagt der Onkel.

Leos Kommentar: „Aber der brennt ja gar nicht!"

Keine Zeit

Die Mutter bügelt, Hannes hat Langeweile.

„Lies mir etwas vor", bittet er.

„Eine Hausfrau muss erst ihre Arbeit machen", vertröstet sie ihn.

„Du bist keine Hausfrau", sagt Hannes.

Die berufstätige Mutter ist überrascht und wartet, was nun wohl kommt von ihrem Kleinen.

Nach einer Pause meint Hannes: „Du bist eine Mutter!"

Im Hagenburger Bruch beim Steinhuder Meer

Paul ist begeistert vom Moor. Was es da alles bei einem Familienspaziergang zu sehen gibt! Er entdeckt eine Nacktschnecke, dann noch eine und noch eine. Jede Menge Nacktschnecken.

Da sagt Paul: „Vielleicht finden wir noch eine angezogene."

Andere Länder, andere Sitten

Mutter erzählt von Grönland, wo es Eisbären gibt und wo die Eskimos wohnen. Antje hört gespannt zu.

„Wenn die Eskimos einander gern haben, machen sie Nase-Nase. Sie reiben ihre Nasen aneinander."

„Haben die denn keinen Mund?"

Was bin ich?

Nayeli (5) wird im Kindergarten von einem anderen Mädchen gefragt: „Bist du Muslim?"

„Nein, ich bin Löwe", ist die selbstverständliche Antwort.

Nicht so schlümm!

Moritz lässt sich gern von der Mutter trösten. Wenn etwas passiert, sagt sie immer: „Ist doch nicht so schlimm!" Und schon hat's geholfen.

Moritz kleckert beim Essen. Mami sagt: „Ist doch nicht so schlimm." Und putzt alles sauber.

Beim Spielzeugauto geht ein Rad ab. Mami sagt: „Ist doch nicht so schlimm." Und Papi repariert das Auto.

Moritz wirft eine Tasse auf die Erde und sagt: „Iss doch nicht so schlümm!"

„Doch", sagt Mami, „wenn man es extra macht, ist das schlimm."

Moritz geht mit der Mutter zum Waldspielplatz. Da gibt es ein tolles Baumhaus. Der Junge klettert und lacht und hat Spaß.

Mami ruft: „Pass auf, dass du nicht runterfällst!"

„Iss doch nicht so schlümm!", sagt Moritz.

Glück gehabt

Marvin schläft bei den Großeltern. Aber erst mal Duschen. Oma stellt Marvin zum Abtrocknen auf einen Hocker. Der Kleine ist unruhig, der Hocker kippt um, Marvin schlägt an die Heizung und blutet am Kopf.

Die Großeltern sind besorgt und fahren mit ihm ins Krankenhaus.

Unterwegs sagt er: „Oma, jetzt ist wieder Licht an."

Nur ein Bein

Marcel (4) geht mit seiner Großmutter spazieren. Ein Mann mit einem Bein und auf Krücken kommt ihnen entgegen.

Marcel staunt: „Warum hat der Mann nur ein Bein, Oma?"

„Das Bein hat er verloren, vielleicht bei einem Unfall."

„Und, warum sucht er es dann nicht?"

Sprichwort

Maya nascht Johannisbeeren in Großmutters Garten: „Die sind aber sauer!"

„Sauer macht lustig!", sagt Oma.

„Und warum lache ich dann nicht?", fragt Maya.

Ostervorbereitungen

Carina und die Großmutter gehen durch den Garten und überlegen, wie und wo sie ein Nest für den Osterhasen bauen sollen.

Oma hat eine Idee: „Wenn wir in die Mitte des Ziergrases eine Mulde drücken, ist das doch ein schönes Nest, und wir haben nicht so viel Arbeit!"

Gesagt – getan.

Da stellt sich Carina hin, stemmt die Hände in die Hüften und sagt: „Oma, wenn ich der Osterhase wäre, würde ich hier keine Eier reinlegen. Das Gras pikst!"

Sieben Steine

Bei den Großeltern im Vorgarten liegen neuerdings Findlinge, ziemlich große, schön geformte Steine. Die Zwillinge Tobias und Marius schauen interessiert die Steine an.

Der Großvater, früher engagierter Lehrer, fragt: „Könnt ihr die schon zählen?"

Klar, kein Problem für Kindergartenkinder.

Und die Jungen zählen: „Eins, zwei, drei, vier, fünf, sechs, sieben!"

„Wenn ich einen davon wegnehme, wie viel sind es dann?", fragt der Großvater.

Tobias und Marius schauen sich an, grinsen ein bisschen, und Tobias sagt: „Das schaffst du nie!"

Riesenrad

Die Großmutter fährt für's Leben gern Riesenrad. In Bückeburg beim Jahrmarkt steht ein kleines und sie denkt, das ist groß genug für die Enkelkinder. Es wird den Dreien bestimmt Spaß machen. Anfangs geht auch alles gut, aber als die Gondel oben am höchsten Punkt anhält, machen die Kinder bedenkliche Gesichter.

„Das ist genauso eklig, wie ich gedacht hab", sagt Ivo beim Aussteigen.

Auf dem Lande

Die Familie macht Urlaub auf dem Bauernhof. Draußen gibt es ein Häuschen mit Herz, das das Interesse der Kinder weckt. Horst muss es gleich ausprobieren.

Als er zurückkehrt, meint er: „Das ist schön hier, wenn man auf's Klo geht, singen draußen die Hühner."

Im Himmel

Opa ist gestorben. Robert ist traurig.

„Opa ist im Himmel", sagt Mama.

Robert weiß, im Himmel sind die Engel, und hat so seine Bedenken.

„Aber Opa kann kein Engel geworden sein, höchstens ein Nikolaus!"

Hausbesichtigung

Tante Thea hat ein Haus gekauft. Es ist schon älter, ziemlich groß mit vielen Zimmern. Sie führt Lena und Mama von einem Zimmer zum anderen und zeigt ihnen alles.

„Das ist die Küche", sagt sie, „und das ist das Schlafzimmer, und das ist das Wohnzimmer."

Lena schaut alles genau an, bis sie zu einem noch nicht fertig eingerichteten Zimmer kommen, in dem Kisten, Kästen und viele, viele Schuhe stehen.

„Ist das ein Frauenzimmer?", fragt Lena.

Geldsorgen

Marwin spart sein Geburtstagsgeld, sein Zeugnisgeld, manchmal auch etwas vom Taschengeld. Aber große Mengen sind noch nicht auf seinem Sparbuch.

„Wie teuer ist ein Führerschein?", fragt er den Großvater.

„Ziemlich teuer, ich weiß nicht genau", antwortet der und fügt hinzu: „Aber da mach dir mal keine Sorgen, den bezahl ich dir, wenn du alt genug bist."

„Das dauert", sagt Marwin. „Opa und dann bist du doch schon tot!"

Käthi allein

Alles will die Kleine allein machen, in der Kita und zu Hause, beim Essen, beim Anziehen, bei allem Möglichen und Unmöglichen. In der Familie ist es zu einem Begriff geworden „Käthi allein". Und meistens lässt man sie.

Aber dann, beim Schlittschuhlaufen will die Oma doch helfen.

Kommentar der inzwischen Fünfjährigen: „Nein, Oma, wenn du mir hilfst, dann lerne ich das ja nie!"

Schulbesuch

Robert wird in Kürze sechs Jahre alt und kommt in die Schule. Aber nein, er will nicht in die Schule gehen, überhaupt nicht.

„Das ist bestimmt doof da!", sagt er.

Die Erwachsenen reden ihm gut zu: „Das ist interessant, das macht Spaß. Du lernst eine Menge."

„Sieh es dir doch wenigstens erst einmal an", sagt die Mutter schließlich.

Okay, Robert wird eingeschult, trägt seinen Ranzen auf dem Rücken und geht brav in die Schule, einige Wochen lang. Die Erwachsenen sind inzwischen beruhigt.

Aber dann, eines Tages kommt Robert nach Hause und sagt entschlossen: „Jetzt hab ich alles gesehen, jetzt geh ich da nicht mehr hin."

Missverständnisse

Meine Terne Mia

Käthe ist noch nicht ganz zwei. Im Dezember erst kann der zweite Geburtstag gefeiert werden. Noch ist November. Mit Paul und dem Vater ist sie für ein Wochenende bei den Großeltern zu Besuch.

„Wollen wir heut Abend Laterne gehen?", fragt die Großmutter.

Klar, das möchten die Kinder gern. Im Kellerschrank finden sich noch mehrere mindestens 30 Jahre alte Papierlaternen vom Vater und seiner Schwester. Zwei davon werden ausgesucht, mit Kerzen versehen, und es kann losgehen. Stolz hält Käthe die Stange, an deren Ende ein runder, bunter Mond baumelt.

Sie schaut den Mond an und singt: „Meine Terne Mia!", wieder und immer wieder.

Käthe ist sehr musikalisch und kann schon ganz gut eine Melodie singen. Die Großmutter erkennt die Melodie auch, aber mit dem Text kann sie nichts anfangen.

Und so beginnt sie das bekannte Laternenlied einfach von vorn: „Laterne, Laterne, Sonne, Mond und Sterne ..." Und dann weiter: „Ich geh mit meiner Laterne – und meine Laterne mit mir."

Strahlend stimmt Käthe ein, genau das meint sie doch: „Meine Terne Mia!"

Papa

Tina ist mit dem kleinen Paul im Berliner Café Harmonie eingekehrt. Sie hat einen Milchkaffee vor sich stehen; Paul sitzt im Hochstuhl und spielt mit der Teeflasche. Am Nebentisch liest ein junger Mann in einer Zeitung.

Paul dreht sich zu ihm um, lächelt ihn an und sagt freundlich: „Papa!"

„Mensch, Kleener, sach bloß nich Papa zu mir, ich krich sonst Ärger!", ist die Antwort.

Hänsel und Gretel

Der Großvater erzählt den Kindern Märchen. Anna hört besonders gern „Hänsel und Gretel", wieder und immer wieder.

Als Opa diesmal beim Knusperhaus angekommen ist und die Hexe geheimnisvoll flüstert: „Knusper, knusper, knäuschen, wer knuspert an meinem Häuschen? Der Wind, der Wind ...", da ruft Anna: „Halt, das kenn ich schon. Der Wind, der Wind, das schimmlische Kind."

Ein schöner Name

Ronja ist wieder zu Besuch bei den Großeltern im Dorf. Sie war schon oft hier und kennt viele der Nachbarn. Besonders gern mag sie die alte Frau Scheibe von gegenüber, die immer am Fenster sitzt und viel Zeit für das kleine Mädchen aus Hamburg hat.

Die Großmutter hat kaum den Trolley ausgepackt, da fragt Ronja: „Kann ich gleich wieder Frau Fensterrahmen besuchen?"

Na, so was!

Lena erzählt ihren Puppen Märchen, mit eigenen Worten und auf eigene Art.

Aber immer fängt sie an: „Es war einmal ..." und am Schluss kommt: „Und wenn sie nicht gestorben sind, so leben sie heute noch."

Doch dann fügt Lena hinzu: „Und das ist alles Stricksal!"

Heimatkunde

Der Vater fährt mit Benno auf dem Fahrrad durch die Umgebung. Benno sitzt auf einem Kindersitz vorn und kann alles gut sehen.

„Schau mal, das gelbe ist ein Rapsfeld und das andere ein Weizenfeld. Der Baum dort ist eine Eiche. Der kleine Fluss heißt Aue, und das nächste Dorf ist Nammen."

Das und vieles mehr erklärt der Vater seinem Sohn.

Als sie wieder an einem gelben Feld vorbeifahren, sagt Benno: „Schau mal, Papa, da ist noch ein Schnapsfeld!"

Ein freundliches Kind

Es war ein Mehrfamilienhaus am Rande von Bückeburg, in dem das junge Paar einzog, Eigentumswohnungen, zum größten Teil von älteren Ehepaaren bewohnt. Parterre, direkt neben ihnen wohnten zwei ältere Damen, Frau von Rheden und Frau von Dittfurt. Gelegentlich klingelte eine von ihnen und bat darum, dass der junge Mann eine Weinflasche öffnete oder auch eine Sektflasche.

Die junge Frau wurde schwanger, ein Sohn kam auf die Welt. Frau von Rheden hatte rosa Söckchen gestrickt,

Frau von Dittfurt ein Geschenk gekauft. Wenn das Baby nachts weinte, wurde am nächsten Morgen gefragt, was der Kleine denn wohl hatte. Beide Damen schauten regelmäßig in den Kinderwagen. Im nächsten Jahr stand zu Ostern ein Körbchen mit Süßem vor der Korridortür und am Nikolaustag ein gefüllter Stiefel.

Der Kleine mochte die alten Damen gern, und kaum dass er sprechen konnte, begrüßte er sie sehr freundlich: „Guten Morgen, Frau von Rheden." Und: „Guten Morgen, Frau von Dittfurt."

Die Familie machte eine kurze Reise in den Harz zu Dritt. Frühstück, Mittag- und Abendessen im Gasthaus wurden ihnen von einer jungen Dame serviert.

„Danke, Fräulein Edeltraud!", sagten die Eltern des öfteren.

Am nächsten Morgen begrüßte der Kleine – wie gewohnt sehr freundlich – die Bedienung mit den Worten: „Guten Morgen, Frau von Edeltraud!"

Eltern Raucher?

Juliane hat zum Geburtstag einen Kassettenrekorder bekommen. Ein komplizierter Name – den kann oder will sie sich nicht merken.

So sagt sie nach einigen Tagen: „Toll, mein Zigarettenrekorder!"

Einkaufen

„Komm, wir gehen zum Wochenmarkt", sagt Mutter und nimmt Thomas an die Hand. „Wir wollen Petersilie kaufen."

„Petersilie kaufen", sagt Thomas, der gerade sprechen lernt.

Sie kaufen Gemüse, Eier, Kartoffeln und Petersilie.

„Peter-Silie", sagt Thomas noch einmal etwas verwundert.

Den Namen Peter kennt er nämlich schon, so heißt sein Vater.

Einige Tage später meint Mutter wieder. „Komm, wir gehen zum Wochenmarkt."

Und Thomas fragt: „Papa-Silie kaufen?"

Kopfbedeckung

„Droben im Oberland", heißt es in einem alten Volkslied, und etwas weiter dann: „Sie hat ein Hütlein auf, eine schöne weiße Feder drauf."

Die kleine Andrea singt tapfer: „Sie hat ein Hühnlein auf, eine schöne weiße Feder drauf ..." Auch das größer werdende Mädchen singt jahrelang diesen Text.

Erst die erwachsene Andrea erkennt schmunzelnd ihren Irrtum.

Der Specht klopft

Peter, seine Schwester Heike und die Eltern wohnen in der Nähe des Waldes. Manchmal hören sie von dort einen Specht. Der kleine Junge kennt schon das Klopfen des Vogels und sagt dann: „Horch, ein Specht!"

Nun machen sie Urlaub an der Ostsee auf dem Campingplatz, ganz in der Nähe eines Truppenübungsplatzes. Es findet gerade ein Manöver statt, und man hört das Geräusch von Maschinengewehren.

„Horch Papa, ein ganz großer Specht", sagt Peter mit Kennermiene.

Einladung

Bei den Großeltern klingelt es. Ronja öffnet die Tür. Herr Meier von nebenan bittet die Kleine, eine Einladung an Oma und Opa weiterzugeben. Er verabschiedet sich schnell, um beim nächsten Nachbarn zu klingeln.

Ronja geht ins Wohnzimmer und verkündet: „Da war Herr Meier. Ihr sollt morgen früh kommen und den gestiefelten Kater essen!"

Es dauert eine Weile, bis herauskommt, dass Herr Meier spontan zum Katerfrühstück eingeladen hat.

Futter gleich Fressen?

Elfis neuer Anorak hat ein Teddy-Futter, das sich im Reißverschluss eingeklemmt hat. Mutter bringt es in Ordnung, und die Kleine ist zufrieden.

Einige Tage später passiert das Malheur wieder, das Futter ist eingeklemmt, der Reißverschluss geht nicht zu.

„Mach mir mal das Fressen wieder richtig", bittet Elfi.

Neues aus der Kita

„Morgen komme ich nach oben zu Pony", sagt Ida stolz, als sie aus der Kita abgeholt wird.

Die Eltern überlegen, ob es dort wohl neuerdings ein Pony gibt. Aber das wüssten sie doch sicher. Und wieso oben?

Ida merkt, dass Mama und Papa ihr nicht glauben, und betont noch einmal: „Morgen komme ich nach oben zu Pony!"

Da endlich geht Mama ein Licht auf: Ida kommt in eine andere Kita-Gruppe, und die Erzieherin heißt Conny.

Heißes Wetter

Luisa hat heute Sandalen an statt der gewohnten Turnschuhe.
„Sonst bekommt man Schweizer Füße", sagt sie erklärend.

Nach dem Duschen

Jan schläft heute bei den Großeltern. Vor dem Schlafengehen wird geduscht. Oma trocknet den Jungen ab.
„Auch zwischen den Zehen", sagt Jan. „Mama hat mir gesagt, sonst wachsen da Pilze."

Verwandtenbesuch

Eltern, Großeltern und Kinder besuchen Mutters Onkel Karl und Tante Sofie in Bielefeld.
Es war ein lustiger Nachmittag, und Jens erinnert sich ein paar Tage später daran.
„Wie hieß das Feld noch mal, wo Tante Sofie wohnt?", fragt er.

Vorsicht!

Die Familie parkt am Waldrand. Auf geht's zum Wandern. Aber da ist am Forstweg eine geschlossene rot-weiße Schranke.
„Halt, halt, der Zug kommt!", ruft Peter.

Was ist das?

Emily (8) sitzt mit ihren Eltern beim Essen in einem Restaurant. Der Nachtisch kommt: Eis mit Früchten, als Dekoration auf jeder Portion zwei Physalis.

Emily fragt: „Was ist das?"

Mutters Antwort: „Physalis, eine Frucht. Probier mal! Vielleicht schmeckt sie dir?"

Emily probiert und sagt: „Kann ich deine Syphilis auch haben?"

Im Auto

Unterwegs mit Kindern

An der Ampel neben Papas Bully hält ein offenes Cabrio. Dieser Autotyp ist völlig fremd für Käthe.

„Oh, kaputt", sagt die Kleine voller Bedauern.

Auf der Autobahn entdeckt Max einen Abschleppwagen, auf dem ein stark beschädigter Nobelwagen steht.

„Der hat auch schon bessere Zeiten gesehen", lautet sein fachkundiger Kommentar.

Erste Kontaktaufnahme

Renate und Erika sind mit den Enkelkindern unterwegs zum Zoo. Die beiden Großmütter kennen sich schon sehr lange und fahren in jedem Jahr gemeinsam nach Sylt. Carina (3) und Antonia (5), die kleinen Mädchen, lernen sich gerade erst kennen. Sie sitzen hinten in ihren Kindersitzen und unterhalten sich.

Erstaunt verfolgen die Großmütter das Gespräch:

Carina:	„Meine Oma fährt immer auf eine Insel."
Antonia:	„Meine auch."
Carina:	„Da malt sie und bringt immer Bilder mit."
Antonia:	„Meine schreibt Geschichten, die bringt sie dann mit."
Carina:	„Meine Oma fährt mit dem Zug übers Meer zu der Insel."
Antonia:	„Meine schwimmt."

Kompliment für Oma

Wir fahren durch Bückeburg. Max (5) sitzt im Kindersitz hinten im Auto. Die Georgstraße ist gesperrt, eine Baustelle. Eine Umleitung führt über die Schillerstraße.

Ich erkläre dem Enkel: „Die Straße hat ihren Namen von einem berühmten Dichter, Friedrich Schiller, der vor 200 Jahren lebte und viele Gedichte und Geschichten geschrieben hat."

Kurze Pause.

„So schöne wie deine?", fragt Max.

Geschwisterstreit

Der Großvater fährt mit Anna und Hannes zum Einkaufen. Sie wollen unbedingt mit. Hier im Dorf ist es anders als in der Stadt, in der sie wohnen. Hier bekommen sie beim Bäcker ein kleines Brötchen, beim Schlachter eine Scheibe Wurst, und im Supermarkt darf sich jeder eine Kleinigkeit aussuchen.

Opa freut sich, nun kann Oma in Ruhe kochen, und die Kinder hinten im Auto sind ausnahmsweise friedlich, keine Streitereien heute.

Er hat das noch nicht zu Ende gedacht, als Anna plötzlich von hinten schreit: „Der Hannes, der Hannes, der schaut immer aus meinem Fenster."

Auf der Autobahn

Die Großeltern holen den Enkel aus Berlin ab, eine lange Autofahrt, drei bis vier Stunden.

Oma versucht den Kleinen zu unterhalten. Sie erzählt von früher und dass der Opa als erstes Auto einen Käfer hatte.

Nein, den kennt Paul noch nicht.

„Ich zeig dir einen", sagt Oma.

Aber keiner kommt, soviel sie auch schauen.

„Hast du schon mal ein Auto gesehen mit einem Dachgepäckträger?", fragt Oma.

Etwas mitleidig und gelangweilt klingt die Antwort: „Schon oft."

Schließlich packt Paul den Kassettenrekorder aus, den Mama ihm vorsichtshalber mitgegeben hat. Und Oma freut sich, dass die Technik die Unterhaltung des Enkels übernimmt.

Nur der Großvater fühlt sich bald genervt und schlägt eine Pause vor.

„Aber bei McDonalds!", ertönt es von hinten aus dem Kindersitz.

Der große Kurfürst

In Minden an der Weserbrücke steht ein Denkmal vom Großen Kurfürsten. Jedes Mal, wenn die Eltern mit den Kindern zu den Großeltern fahren, kommen sie daran vorbei.

„Schaut mal", sagt Mama, „da steht das Denkmal vom Großen Kurfürsten."

Einige Wochen später, als sie wieder über die Brücke fahren, fragt Robert: „Wo steht der Mann, der Denkmal heißt?"

Das Lied von der Kuh

Großmutter kutschiert regelmäßig drei Enkelkinder zur Schule oder in die Kita. Genauso regelmäßig werden dabei Kinderlieder gesungen.

Plötzlich bittet Andy, der Kleinste: „Singt doch noch mal das Lied von der Kuh."

Niemand weiß, was er meint, bis die Großmutter einige Tage später anstimmt: „Auf einem Baum ein Ku-hu-ckuck saß ..."

„Das ist doch das Lied von der Kuh!", freut sich Andy.

Ehrlich währt am längsten

An der Grenze zwischen dem damaligen Jugoslawien und Österreich werden die Eltern gefragt, ob sie etwas zum Verzollen im Auto haben, Getränke oder Zigaretten oder anderes.

Mama und Papa verneinen das, aber hinten aus dem Wagen meldet sich Nicole: „Mami, wir haben doch noch eine Flasche Cola!"

Im Käfer unterwegs, Anfang der 70er Jahre

Noch heute erinnert sich unsere erwachsene Tochter, wie schrecklich es war, dass sie immer in das „Loch" musste. Dazu wurde die Abdeckung hinter der Rückbank des VW-Käfers abgenommen. Der eigentlich für Gepäck gedachte Platz reichte gerade für ein kleines Mädchen, das mit angezogenen Knien darin sitzen konnte. Der drei Jahre ältere Bruder beanspruchte den Platz auf der Rückbank zwischen den Großeltern.

Ziel der meist sonntäglichen Ausflugsfahrten waren das Steinhuder Meer, Bad Hiddenser Born am Mittellandkanal, der Waldkater bei Rinteln, das Gasthaus Walter auf dem Bückeberg oder Ausflugslokale, die es heute gar nicht mehr gibt, mit so netten Namen wie Elfenborn, Dornröscheneck, Schinkenkruse oder Mettwurstmöller.

Ein Spaziergang und eine Fanta, ein Stück Kuchen oder ein Eis – spendiert von Opa – das war's damals.

Familiäres

Gerade geboren

Das Jahr 2000 war zwei Monate alt, als unser erstes Enkelkind geboren wurde und uns ein Anruf aus Berlin erreichte: „Mutter und Kind wohlauf!"

Am nächsten Tag kreuzten wir im Kreuzberger Krankenhaus auf. Da lag das süßeste Baby der Welt im Arm seiner strahlenden Mutter. Es war kein bisschen zerknittert, hatte große blaue Augen und glatte, rosige Haut. Die Art, auf die Paul das Licht der Welt erblickt hatte, war früher Kaisern vorbehalten. Wir gingen bald wieder, um nicht zu stören. Unten in der Halle der Klinik tranken wir noch einen Milchkaffee, während wir auf den jungen Vater warteten.

„Oben ist das Fernsehen, sie drehen gerade einen Film über die Möglichkeiten der Entbindung in diesem Krankenhaus. Und gerade haben sie Paul und seine Mutter aufgenommen", erzählte er.

Ich antwortete voller Überzeugung, natürlich ganz objektiv: „Klar, ein schöneres Baby konnten sie auch nicht finden!"

Dann gingen Pauls Großvater und ich feiern. Vor dem Krankenhaus am Ufer der Spree lagen und liegen einige nette Restaurant-Schiffe. Wir gingen an Bord, bestellten zu essen und – einen heißen Grog. Draußen war scheußlichstes Februar-Wetter, drinnen war es warm und gemütlich. Am Nachbartisch saß eine junge Familie, ein Baby in der Tragetasche neben Mama, gegenüber Papa mit einer kleinen Tochter. Er erzählte gerade eine Geschichte. Und wir hörten genüsslich mit zu. Die Geschichte handelte von Paul und dem Krokodil.

Plötzlich mussten wir jedoch hören: „Und dann fraß das Krokodil den Paul!"

Nein, nein!, schrie ich in Gedanken, nicht den Paul, der ist doch gerade geboren.

Erfindungsreiche Großeltern

Paul (noch kein halbes Jahr alt) war zu Besuch, seine Eltern wollten zum Einkaufen fahren. Pauls Mutter sagte: „Er schläft vielleicht, bis wir wiederkommen." Tat er aber nicht. Er schrie. Ich schaute ins Bettchen. Er verzog das Gesicht. Sein Großvater schaute ins Bettchen. Er lächelte ihn an. Der Großvater nahm ihn auf den Arm und holte ihn ins Wohnzimmer. Ich brachte Spielsachen. Es war alles gewaschen und ungefährlich! Wir legten Klötze und Dosen und Tiere und Rasseln und Bälle auf eine große Decke, das Baby dazwischen. Paul war noch viel zu klein für all die Spielsachen, aber er sah interessiert zu, was wir machten. Wir bauten Türme und zeigten ihm, wie man sie umwirft.

Die Tür ging auf, Pauls Eltern waren zurück. Stirnrunzelnd, aber auch etwas amüsiert sagte Pauls Mutter: „Reizüberflutung!"

Unsere Antwort: „Aber er hat gar nicht geweint!"

Wie war das noch, als unser Sohn bei seinen Großeltern war? Ich erinnere mich, dass ich den Kleinen für ein paar Stunden in Verwahrung gegeben hatte. Als ich zurückkam, saß er auf dem Fußboden und hatte den unteren Teil des Küchenschranks ausgeräumt, Töpfe, Deckel, Schüsseln. Das Kind hockte dazwischen und füllte mit einem Löffel Mehl aus einer Schüssel in einen Messbecher, der dann wieder in die Schüssel entleert wurde.

Ich muss wohl entsetzt geguckt haben, aber meine Mutter, also die Großmutter, sagte: „Was hast du? Er kann sich nicht damit weh tun, und er hat gar nicht geweint!"

Natürlich vergaß der Junge dieses interessante Spiel nie wieder, und Kuchenbacken wurde ein schönes Hobby. Es gab sogar Zeiten, da wollte er Bäcker werden.

Mein Vater erfand etwas anderes Spannendes. Er ging mit dem Enkel in den Heizungskeller, wo es jede Menge Werkzeug gab. Der Kleine bekam sein eigenes dickes Brett, seinen Hammer und tausend verschiedene Nägel. Und los ging's! Verletzt hat er sich dabei nie. Damals wollte er Zimmermann werden. Als er sich später – anderswo – einen Holzsplitter in den Finger rammte, war es auch mit diesem Berufswunsch vorbei.

Familienleben

Paul ($1\frac{1}{2}$) wird gefragt, was Mama und Papa gerade machen.

Antwort: „Mama Dusche, Papa Foto-Rapparap!"

Wer bin ich?

In einem Dorf wie Kleinenbremen kennt fast jeder jeden und erinnert sich auch an Kinder, die inzwischen erwachsen sind und bereits vor langer Zeit wegzogen.

Die Großmutter geht mit dem Enkel spazieren. Ein paar Häuser weiter sieht Nachbarin Ilse den Kleinen – und denkt gleich an seinen Papa.

„Da kommt ja der Jens!", ruft sie voll Freude.

Etwas entrüstet antwortet Paul: „Das bin doch ich!"

Familienähnlichkeit

Isabell ist ein sehr hübsches, liebenswertes, kleines Mädchen. Und so freut sich die Großmutter besonders, als Krischan, Isabells Vater, eines Tages am Telefon sagt: „Ich glaub, ich zieh meine eigene Mutter groß."

Einzelkinder

Oskar spielt Telefonieren. Er hält ein nicht vorhandenes Handy ans Ohr.

Opa fragt: „Mit wem sprichst du gerade?"

„Mit meinen Brüdern, aber die wollen nichts von mir wissen."

Jan ist schon vier. Er möchte gern in den Kindergarten, aber da ist noch kein Platz frei. Ihm ist so langweilig ...

Mama ist in der Küche beschäftigt. Da hört sie, wie er die Korridortür öffnet und sagt: „Klaus, komm rein."

Dann hört sie Geräusche aus dem Kinderzimmer und schaut nach. Da spielt nur Jan – mit seinem unsichtbaren Freund.

Geschwister

Marleen (5) hat eine Frage: „Woher kennt ihr Tante Rita?"

Die Großmutter antwortet: „Tante Rita ist Opas Schwester."

Marleen überlegt eine Weile und meint dann: „Haben Opas denn auch Schwestern?"

Nicht so einfach!

Großmutter (väterlicherseits), Vater und Kind beim Frühstück.

Klein-Wiebke schaut vom Papi zur Omi und fragt: „Papi, wo hast du eigentlich die Omi kennen gelernt?"

Ängste

Ronja hat die Großmutter sehr gern und ist oft bei ihr zu Besuch. Die beiden sitzen sich gegenüber. Oma liest vor, und Ronja schaut sie lange und genau an, besonders die Falten im lieben Gesicht.

„Oma, musst du bald sterben? Du siehst so kräuselig aus."

Freunde sind wichtig

Maya zählt ihre Freunde auf. Opa ist dabei, Frau Holz, die Nachbarin, die sieben Jahre älter ist als Oma, und Onkel Lothar.

Die Großmutter fragt: „Warum bin ich nicht dabei?"

Maya: „Ich will doch keine alte Frau als Freundin haben!"

Bekenntnis

Beim Abendessen hat der Vater ein bisschen mit Elfi geschimpft. Nun ist Zeit zum Schlafengehen, und die Mutter bringt die Kleine ins Bett.

Nach der Gute-Nacht-Geschichte sagt Elfi, die immer noch etwas beleidigt ist: „Mama, ich liebe dich viel lieber als den Papa."

Konkurrenz

Alexandra mag heute den Vater besonders gern.

„Mama, geh in die Küche. Ich will mit dem Papa schmusen!"

Bei den Großeltern

Max geht nun in den Kindergarten.

„Hast du schon einen Freund dort?", fragt die Großmutter.

„Oma, du bist mein Freund", sagt der Enkel.

Max hat Ärger mit dem Opa gehabt.

„Ich lade dich nicht zu meinem Geburtstag ein. Du wirst schon allein fertig."

Im Zoo

Kindergartenausflug zum Zoo in Hannover. Alle sind ganz begeistert von Löwen, Eisbären und Elefanten. Lisa mag die Affen besonders gern. Sie schaut und schaut durch die Gitterstäbe und kann gar nicht genug sehen. Da liegt doch ein etwas rundlicher Affe auf dem Rücken im Gras und kratzt sich am Bauch.

„Wie mein Papa auf dem Sofa", sagt Lisa.

Richtiges Sprechen

Emily ruft an: „Oma, wie heißt es: Geh zur Seite oder an die Seite?"

Die Großmutter antwortet: „Man kann beides sagen."

„Opa Rudi sagt immer: Geh anne Seite!"

„Der darf das", sagt Oma.

Unterschiede gibt's!

Kinder wissen bald, was bei den Eltern erlaubt und was verboten ist. Bei den Großeltern kann es anders sein, meist etwas weniger streng, manchmal aber auch „pingeliger".

Abendbrot bei Oma/Opa. Käthe höhlt die Streichwurst aus. Dem Opa gefällt das gar nicht. Er schneidet immer ein sauberes Stück ab.

Monate später sind die Großeltern in Berlin bei den Kindern zu Besuch. Beim Abendbrot nimmt die Kleine die Streichwurst, höhlt sie genussvoll aus, schaut in die Runde und sagt: „Bei Opa ist das nicht erlaubt!"

Lebensgefahr

Die Großmutter erzählt von früher: „Einmal war deine Mama in sehr großer Lebensgefahr. Da war sie noch ein junges Mädchen und unterwegs auf einem Schiff, das über den Kanal fuhr von Holland nach England. Es gab plötzlich einen ganz schlimmen Orkan, und das Schiff geriet in Seenot."

Dann fügt sie hinzu: „Wenn deine Mama das nicht überlebt hätte, dann wärst du gar nicht geboren."

Käthe überlegt eine Weile: „Aber Oma, dann wär ich eben zu einer anderen Mutter gekommen. Und da wollte ich ja gar nicht hin!"

Freundliche Abschiedsworte

Die Familienfeier ist zu Ende. Oma und Käthe bringen Omas Cousine Dorothea zum Bahnhof.

Die Großmutter umarmt ihre Cousine beim Abschied und sagt: „Mach's gut! Bis bald!"

Käthe (3) verabschiedet sich formvollendet von Dorothea (67), mit „Händchengeben" und freundlichen Worten: „Schön, dass du da warst. Grüß deinen Papa."

Vergnügliche Auskunft

Leonie (6) fragt die Großmutter aus: „Hatte meine Mama früher viele Freunde?"

„Ich kannte nur einen."

„War der lieber als der Papa?"

„Dein Papa ist lustiger."

„Da bin ich aber froh."

Die Großmutter fügt noch hinzu: „Dann wärst du gar nicht geboren."

Leonies Kommentar: „Das wäre ja langweilig."

Bibergeschichte

Während der Fahrt über die Elbe in der Nähe von Schnakenburg sitzt ein etwa fünfjähriger Junge uns gegenüber und drückt ein Plüschtier fest an sich. Wir lassen uns zeigen, was das ist.

„Mein Biber", sagt er stolz.

Die Großeltern erzählen, dass sie den Biber gerade eben gekauft haben. Mein Mann und ich schauen uns an.

„Ob das auch etwas für Paul ist?", überlegen wir.

Unser Enkel Paul ist vier Jahre alt, vielleicht mag er so einen Biber auch gern. Wir erkundigen uns genau, wo man ihn kaufen kann, fahren ins Biberzentrum in Gartow und erstehen einen besonders hübschen aus einer großen Kiste mit Stofftieren.

Und ob Paul ihn mag. Biber muss mit ins Bett, muss mit auf Reisen und eines Tages auch mit in die Kita. Dann ist Biber verschwunden. Es wird gesucht, geforscht, geweint – und bei Oma/Opa angerufen.

„Könnt ihr einen neuen Biber besorgen?"

Das Biberzentrum ist 191 km entfernt, also rufe ich an.

„Ja, die Biber waren besonders nett, aber die Firma gibt es nicht mehr. Wir können Ihnen nur einen anderen Biber schicken."

Zum Glück akzeptiert Paul auch den anderen Biber.

Inzwischen ist Schwesterchen Käthe kein Baby mehr und kann Wünsche äußern: „Auch einen Biber haben."

Mama kauft einen kleinen Biber in Berlin, aber der ist nicht richtig.

Also Anruf bei Oma/Opa: „Könnt ihr noch einen Biber besorgen?"

Wir rufen im Biberzentrum an. Man kennt uns dort schon. Ja, sie schicken einen gleichen wie Paul ihn hat.

Und das kann man sich denken: Enkel Max möchte auch so einen Biber wie die Berliner Kinder. Keinen anderen.

Wir rufen im Biberzentrum in Gartow an ...

Von Herzen

Unglaublich

Zum ersten Geburtstag des ersten Enkelkindes fahren die Großeltern natürlich nach Berlin und feiern mit. Nun ist der zweite Geburtstag, und mit einem Besuch hat es nicht geklappt. So rufen sie gleich morgens an, um Paul zu gratulieren.

Die Mama meldet sich und sagt dann zu Paul: „Komm, da sind Oma und Opa am Telefon, die wollen dir zum Geburtstag herzlichen Glückwunsch sagen."

Sie gibt Paul den Hörer, und bevor die überraschten Großeltern einen Laut von sich geben können, hören sie den Kleinen: „Herzlichen Glückwunsch, zwei Jahre."

Dann legt Paul auf.

Schaukellied

Im Sommer ist Käthe $2\frac{1}{2}$. Seit über einem Jahr geht sie mit Bruder Paul in die Kita und hat schon viel gelernt.

Nun schaukelt sie bei den Großeltern auf der Schaukel für die Großen, nicht mehr für Kleine. Sie schaut dabei über die Wiese den Berg hinunter. Oma gibt Anschwung. Käthe schaukelt mit Begeisterung, höher und immer höher.

Und weil es so schön ist, singt sie laut und von Herzen: „Happy birthday, liebe Oma ..." Die hat zwar schon vor Wochen Geburtstag gehabt, freut sich aber sehr.

Käthe singt weiter, mit Begeisterung und richtiger Melodie:

„Happy birthday, liebe Oma,

happy birthday to you.

Marmelade im Schuh,

Aprikose in der Hose,

happy birthday to you."

Es dauert ziemlich lange, und Käthe muss den Text mehrmals singen, bis die Oma endlich alles verstehen kann. Und sie muss sich auch erst an den Text gewöhnen. Die meisten Kindergartenkinder kennen das Quatschlied sicher, aber Großmütter eben nicht. Die würden singen: „Zum Geburtstag viel Glück ..."

Zwei Herzen

Wenn von zwei Herzen die Rede ist, denkt mancher sofort an Liebespaare oder auch an das Lied „Zwei Herzen im Drei-Viertel-Takt".

Mir fällt als erstes eine Geschichte vom 12 Jahre jüngeren Brüderchen ein: Der etwa Dreijährige hatte draußen herumgetobt, kam hereingestürmt mit zerzausten Haaren und hochrotem Kopf. Während meine Mutter ihm die Hände wusch und mit dem Waschlappen übers Gesicht fuhr, sagte sie: „Horch mal, wie laut dein Herz klopft."

Brüderchen fühlte an seiner Brust und an seinem Kopf und sagte: „Ich glaube, ich hab zwei!"

Konkurrenz

Da gab es noch eine Begebenheit mit Brüderchen. Ich war wohl 17, der Kleine fünf Jahre alt. Wenn ich mich mit einer Freundin traf, nahm ich ihn meistens mit. Nun traf ich mich mit einem jungen Mann. Damit das nicht auffiel, musste ich natürlich Brüderchen auch mitnehmen.

Der Kleine war eigentlich immer sehr nett, aber nun tauchte da ein anderer Mann auf.

„Meine Schwester bekommst du nie!", war seine spontane Aussage.

Aber er sollte nicht Recht behalten.

Das Vorbild

Im Städtchen Bückeburg kannte jeder Herbert Pötter. Viele Jahre lang leitete er im Sportverein eine Alt-Herren-Riege. Der gebürtige Berliner war ein angenehmer Zeitgenosse, höflich, lustig, zufrieden, soweit man das beurteilen konnte. Seit einigen Jahren war er Witwer.

Herbert Pötter war ein hervorragender Sportler in vielen Disziplinen. Das goldene Sportabzeichen erreichte er mehr als 50mal. Im Sommer ging er jeden Tag zum Schwimmen ins Bergbad, auch mit über 85 Jahren. Manchmal waren zur selben Zeit Schulklassen da. Die Kinder nannten ihn „Super-Opa".

Es war an einem heißen Augusttag, Herbert Pötter stand gerade auf dem Zehner-Sprungbrett, als Herr Wiese, der Sportlehrer, sagte: „Nehmt euch an Herrn Pötter ein Beispiel."

Als der Super-Opa wieder auftauchte, klatschten die Kinder Beifall.

Robert dachte an seinen Großvater, der ebenfalls ziemlich sportlich war. Und als Herr Pötter an den Jungen vorbeiging zu den Duschen, fragte er: „Nimmst du auch die Kraft der zwei Herzen?"

Schlafengehen

Müde?

Florian will nicht ins Bett, obwohl das Sandmännchen im Fernsehen schon lange vorbei ist.

„Bist du denn gar nicht müde?", fragt Papa.

„Ich bin nicht müde, ich schlafe am Donnerstag!"

Küsschen geben

Maya soll schlafen gehen.

Der Großvater fragt: „Gibst du dem allerliebsten Opa noch ein Bussi?"

Maya verschränkt die Arme vor der Brust und sagt: „Nein – danke – Punkt."

Die Kussfabrik

Mama wünscht sich von Imke einen Kuss vor dem Schlafengehen.

„Nein, hab keinen mehr!", sagt die Kleine.

Da mischt sich der ältere Bruder ein: „Ich hab ne ganze Kussfabrik!"

Angst oder Ausrede?

Tina will noch nicht schlafen.

„Oma, ich hab dich ganz gerne. Darf ich mit runter?"

Das Kinderzimmer liegt oben im Haus.

Aber Oma lässt sich nicht erweichen und schlägt vor: „Nimm noch ein Buch und sieh es dir an."

Tina: „Ich mache das Buch nicht auf, da ist ein Gespenst drin!"

Abendgebet

„Lieber Gott, mach mich fromm, dass ich in den Himmel komm. Amen!", betet Leo jeden Abend vor dem Einschlafen.

Eines Abends dann hört Mama, wie er traurig sagt: „Lieber Gott, mach mich fromm. Amen!"

Und kein „Dass ich in den Himmel komm" folgt mehr.

Ja, Mama kann es sich gut erklären und nimmt Leo fest in den Arm.

Die Oma ist vor einigen Tagen gestorben, und alle haben den Jungen getröstet: „Oma ist jetzt im Himmel."

Sandmännchen kommt

Leonie (5) darf noch aufbleiben, Maya (2) soll schlafen. Die Großmutter liest den beiden Mädchen Geschichten vor und schläft dabei ein. Die kleine Maya schleicht davon.

Leonies Kommentar: „Da hat das Sandmännchen wohl den Verkehrten getroffen."

Sommerabend

Der kleine Paul, etwa drei Jahre alt, war für eine Woche bei den Großeltern – die Kita geschlossen, Sommerferien, die Eltern mit dem Tandem in Holland unterwegs.

Paul gefiel es bestens, besonders im Garten. Er spielte mit dem Großvater Ball, rollte sich selbst den Wiesenhang hinunter, planschte in der Zinkbadewanne und schaukelte, bis die Füßchen die Äste des Haselnussstrauches berührten. Oma las ihm am Abend zwei Gute-Nacht-Geschichten vor. Dann sollte der Kleine schlafen. Aber Paule konnte noch nicht schlafen. Es war einfach zu hell.

Die Großeltern saßen auf der Terrasse mit einem Glas Wein und erzählten vom Tag. Da öffnete sich leise die Schiebetür.

Paul im Schlafanzug setzte sich neben Oma auf die Bank und sagte: „Ist das nicht ein schöner Sommerabend?"

Klar, er durfte bleiben bis zum Sonnenuntergang, und da zeigte die Großmutter ihm das Beet mit den Wildblumen. „Schau Paul, das sind Nachtkerzen. Noch haben sie viele Knospen, und die öffnen sich genau dann, wenn die Sonne verschwindet. Man kann dabei zuschauen."

Und richtig, plötzlich sahen sie, wie die spitzen, grünen Außenblätter der Knospen nach hinten umknickten und sich – ganz langsam eins nach dem anderen – die vier großen, leuchtend gelben Blütenblätter auseinanderrollten.

„Sie blühen nur für eine Nacht. Im Laufe des Vormittags verwelken sie schon", erklärte Oma und brachte Paul wieder zu Bett.

Der große Paul (inzwischen 13 Jahre alt) kommt für eine Woche aus Berlin mit dem ICE. Opa holt ihn vom Bahnhof in Hannover ab. Ob es ihm noch gefallen würde auf dem Lande? Die Großeltern haben schon Programm gemacht.

Es klingelt an der Haustür. Der große Paul steht davor – ganz cool, mit Laptop und Reisetasche. Er grinst etwas verlegen, als Oma ihn ordentlich in den Arm nimmt.

Dann fragt er: „Blühen eigentlich die Nachtkerzen schon?"

Mädchen und Jungen

Genau hingeschaut

Der Großvater will duschen und zieht sich aus, als Nils ins Bad kommt.

„Opa, du bist ja auch ein Junge", sagt der Kleine vergnügt.

Der kleine Unterschied

Isabell ist bei Tante Marion zu Besuch und spielt mit Felix, ihrem Cousin, im Sandkasten. Das mag sie besonders gern, denn sie hat keine Geschwister, und in den Kindergarten kommt sie erst im August.

„Mama, ich muss mal Pipi", ruft Felix.

Tante Marion geht mit ihm zu einem Busch am Rande des Gartens und hilft ihm ein bisschen mit der Hose, denn Felix ist noch klein.

„Der Busch braucht Wasser", sagt Felix und erledigt sein Bächlein.

Interessiert schaut Isabell zu und meint dann: „Du hast aber einen praktischen Pipi-Apparat!"

Was die Oma macht

Karlchen hat bei den Großeltern übernachtet. Nun sitzt er mit Opa am Frühstückstisch. Beide warten auf Oma, die noch im Bad ist.

„Sieh mal nach, was die Oma macht", sagt der Opa.

Karlchen geht zum Bad, öffnet die Tür, schaut hinein, schließt die Tür und geht zurück in die Küche.

Dann berichtet er: „Oma sitzt auf dem Bidet und wäscht ihren Pillermann. Ach nein, die hat ja keinen."

Frauensache

Oma und Carina arbeiten im „Atelier". Sie nähen einen warmen Pelzmantel für die neue Barbiepuppe. Da hören sie die Stimme und die Schritte des Großvaters vor der Tür.

„Männer können wir hier jetzt nicht gebrauchen!", ruft Carina.

Nur für Mädchen

Die Großmutter feiert den 65. Geburtstag „ohne Männer" mit einem Kaffeetrinken in Schloss Baum im Schaumburger Wald. Natürlich ist auch Enkelin Käthe dabei, während der Großvater mit Paul und Max einen Ausflug macht.

Eine der älteren Damen wird von Mann und Enkel Lukas gebracht. Dem Jungen gefällt es natürlich sehr beim kleinen Schloss im Wald, besonders als er Käthe auf der großen Schaukel sieht.

Ja, einmal schaukeln darf er.

„Aber dann musst du wieder wegfahren. Das hier ist nur für Mädchen!", sagt Käthe.

Bruder oder Schwester?

Felix begleitet seine schwangere Mutter zum Frauenarzt. Es soll festgestellt werden, ob das Baby ein Junge oder ein Mädchen wird.

Der Arzt fragt: „Was wünscht du dir denn, Bruder oder Schwester?"

„Ich wünsche mir einen Bruder zum Fußballspielen", sagt Felix.

Nach der Untersuchung meint der Arzt: „Du bekommst eine Schwester!"

Felix guckt den Arzt enttäuscht an: „Du bist schuld! Du hast sie verwechselt!"

„Nein", sagt der Arzt, „ich bin nicht schuld. Das liegt an deinem Vater!"

Felix ist sauer: „Mein Vater macht so was nicht! Mama komm, hier gehen wir nie wieder hin!"

Der Beweis

Der kleine Lukas und sein großer Bruder Jonas sitzen bei den Großeltern am Mittagstisch.

„Lass es dir gut schmecken, mein Junge", sagt Oma und legt dem Kleinen ein Würstchen auf den Teller.

„Ich bin kein Junge, ich bin ein Mann", sagt Lukas. Das hat er schon öfter vom großen Bruder gehört.

„Woher weißt du das denn?", fragt Oma.

Lukas schiebt den Ärmel seines Pullis hoch, zeigt auf die blonden Härchen auf seinem Unterarm und sagt: „Wer das hat, der ist ein Mann!"

Erkenntnis

Daniel kommt vom Spielen. Er hat tüchtig mit den Nachbarskindern getobt und schwitzt. Er hebt einen Arm hoch und schnuppert an seiner Achselhöhle.

„Mama, riech mal. Jetzt bin ich ein Mann."

Erste Liebe

Die Großmutter holt den zweijährigen Olle aus dem Kindergarten ab.

Als er fertig angezogen ist, fällt ihm etwas ein: „Wo ist Alice? Muss Alice Tschüss sagen!"

Alice ist in einer anderen Kindergartengruppe. Also wieder die Schuhe ausziehen und Alice suchen. Die Kleine sitzt mit anderen Kindern im Kreis bei einem Spiel.

Aber Olle läuft zu ihr, gibt ihr einen dicken Kuss und sagt: „Tschüss!"

Dann erst kann er beruhigt mit der Oma nach Haus gehen.

Der erste Schultag

Klara wird gefragt, wie's denn war in der Schule und ob sie schon andere Kinder kennen gelernt hat.

„Mein Nachbar heißt Ben, und den will ich nicht mehr missen!", verkündet die Fünfjährige.

Schwanger?

Thomas sieht die Großmutter nackt im Bad.

Er schaut neugierig ihren runden Bauch an und fragt: „Oma, bekommst du jetzt noch ein Enkelkind?"

Vom Sprechenlernen

Wir Erwachsenen ...

Wenn Kinder sprechen lernen, ist das eine ganz wunderbare Angelegenheit. Die einen plappern alles nach, die andern erfinden eigene Wörter, wieder andere warten überhaupt mit dem Reden, bis sie vollständige Sätze sagen können. Wir nehmen uns vor, nicht zu vergleichen. Aber alles aufschreiben und sich darüber freuen, „das ist erlaubt".

Es regnet

Tante Renate ruft bei ihrer Nichte an.

Am Telefon meldet sich Fridolin mit „Ja". Er ist noch ziemlich klein und kann kaum sprechen. Aber er versteht alles. Tante Renate weiß das und erzählt ihm alles Mögliche.

Und jedes Mal antwortet der Kleine: „Ja, ja!"

Schließlich fragt sie: „Regnet es bei euch auch so doll?"

Pause.

Dann sagt Fridolin: „Da, da!" und gibt den Hörer an den großen Bruder weiter.

Der erklärt: „Tante Renate, stell dir vor, Fridolin ist extra zum Fenster gelaufen und hat nachgeschaut, ob's regnet. Und dann hat er ‚Da, da!' gesagt. Das kann er nämlich auch schon!"

Leider, leider

Die Großmutter gibt Maya einen Prospekt mit bunter Kleiderwerbung zum Anschauen.

Die Kleine wirft einen Blick drauf, zerfleddert die Blätter und sagt: „Iss nisst ssöön. Leider, leider, leider (Kleider, Kleider, Kleider)."

Mit Zimt

Ich kenne Kinder, die mögen am liebsten Schokolade oder Gummibärchen oder Ketchup. Paul liebt Zimt! Natürlich suche ich in meinem Kopf in der Erinnerungsecke. Wie war das noch mit Pauls Vater, unserem Sohn? Klar, der mochte auch gern Zimt – Zucker und Zimt auf dem Milchreis und im Apfelmus, Zimthörnchen vom Bäcker Voth zum Frühstück. Davon ist noch heute oft die Rede in unserer Familie.

Paul ist Berliner und kennt noch eine andere Zimt-Variante. Mit $1\frac{1}{2}$ Jahren probiert er gerade den Wert des Sprechens aus. Und macht die Erfahrung, dass es nur von Vorteil sein kann, die richtigen Worte zu beherrschen. Es ist noch nicht mal sieben Uhr morgens. Pauls Vater schläft fest, Paul ist putzmunter. Er läuft in die Küche, gefolgt von Mama. Er öffnet die Tür eines Unterschranks (am nächsten Tag wird dort eine Kindersicherung eingebaut).

Er holt eine Pfanne heraus, hebt und schiebt sie mit aller Kraft seiner kleinen Arme auf den Herd und sagt: „Puffer!"

Puffer gab es am Tag vorher zum Mittagessen, und er hat sich das Wort gut gemerkt. Ein Lob der Tiefkühlkost und der besten Mama, die ihm natürlich einen Puffer zum Frühstück serviert.

„Mit Zimt", sagt Paul.

Das erste Mal

Philipp wohnt im blauen Haus bei uns gegenüber. Er ist schon $1\frac{1}{2}$ Jahre alt und fängt gerade mit dem Sprechen an.

Wir sitzen mit seinen Eltern bei einem Glas Rotwein auf der Terrasse. Philipp schaukelt, bis er erschöpft ist. Papa hebt ihn aus der Schaukel und setzt ihn zu uns an den Tisch. Der Kleine nascht Salzstangen und trinkt Apfelsaft. Es wird Abend, ein sehr warmer Sommerabend. Es beginnt zu regnen, ganz sacht. Macht nichts, die Terrasse ist überdacht.

Aber Philipp, mit kurzer Hose und dünnem Hemdchen bekleidet, geht Schritt für Schritt hinaus auf die Wiese, vorsichtig, etwas überrascht. Er schaut zum Himmel hinauf. Dann dreht er langsam die Handflächen nach oben. Ganz sanft fallen Tropfen in seine geöffneten Hände. Er fühlt, er ist erstaunt. Dann hebt er die geöffneten Hände hoch über den Kopf, lacht fröhlich und ruft: „Nass!"

Paul sagt „Auweia"

Paul geht seit kurzem für einige Stunden in die Kita, damit Mama in Ruhe arbeiten kann. Zum Eingewöhnen war eine Woche lang ein Elternteil dabei. Nun bleibt der Kleine allein dort, meistens sehr gern. Er liebt Wescha, seine Erzieherin, und natürlich die anderen Kinder.

„Hallo Kinda", begrüßt er sie.

Bald kann er die einzelnen auch schon mit Namen nennen und auseinanderhalten: Timm, Lara, Fabi, Robin und andere. Wie alle kleinen Kinder, passt er genau auf, was die größeren machen und sagen.

„Was sagt denn Lara immer?", fragt Pauls Mutter.

„Auweia", sagt auch Paul, und das von nun bei allen passenden und unpassenden Gelegenheiten, den ganzen Tag „auweia" bis – ja, bis er ein neues interessantes Wort entdeckt hat.

Zwei-Wort-Satz

Max lässt sich Zeit mit dem Reden. Er krabbelt, er läuft, er klettert, er balanciert und rutscht wie die anderen Kinder oder noch besser. Wenn er seine vielen Puzzles zusammenpuzzelt, setzt er alle in Erstaunen. Aber reden, das ist nicht seine Sache. Natürlich kann er Mama und Papa sagen, auch Popa, womit er den geliebten Opa bezeichnet. Gut verständlich machen kann er sich auch ohne viel Worte. Und Mamas Wünsche versteht er auch. „Nein", sagt Max, wenn ihm etwas nicht passt. „Sag doch mal ‚ja'", versucht es die Oma. „Nein", sagt Max und lacht.

Inzwischen ist Max schon fast zwei Jahre alt. Die gleichaltrigen Mädchen im Spielkreis reden jede Menge. Max hört interessiert zu und macht sich wohl so seine Gedanken. Max' Mama ist beunruhigt. Die U7 beim Kinderarzt ist fällig, und sie weiß, er wird nach einem Zwei-Wort-Satz fragen. Da hilft es auch nicht, dass Max seinen Namen sagen kann. „Matz" heißt er.

Matz isst gern und normalerweise ordentlich. Er zeigt auf seinen Mund und sagt: „Da rein!" Er will mit Papa im Auto fahren und sagt: „Da rein!" Im Wohnzimmer steht sein kleines rotes Zelt, das aussieht wie ein Marienkäfer. Matz nimmt Oma an die Hand und sagt: „Da rein!" Das geht ganz gut, aber es fällt Oma schwer, wieder „da raus" zu kommen.

Bei Opa in der Diele gibt es einen Kamin mit seitlichen Schlitzen für den Wärmeaustritt. Matz nimmt ein kleines Plastikspielzeug, sagt: „Da rein!", und schon ist es passiert.

Opa wird das kleine Teil nie wieder herausbekommen. Jedes Mal, wenn Matz nun den „Popa" besucht, zeigt er auf den Schlitz und sagt: „Da rein!" Ist er schuldbewusst oder plant er, wieder etwas verschwinden zu lassen?

Die Bauklötze in die Kiste, die Tiere in den Käfig, die Nunus ins Bett, die Wäsche in die Waschmaschine, Matz sagt: „Da rein!" Na also – da endlich geht Mama ein Licht auf. Das ist doch ein Zwei-Wort-Satz! Und der Kinderarzt bei der U 7 ist zufrieden.

Doppelte Verneinung

Bei unserer etwa zweijährigen Tochter waren die beiden oberen Schneidezähne neu und ziemlich groß im kleinen Gesichtchen.

Wir sagten liebevoll: „Na, du kleine Hexe?"

Die Antwort kam schnell und ganz entrüstet: „Keine (kleine) Hexe bin iss nisst!"

Isse fährlich

Käthe wohnt in Berlin und ist zu Besuch bei den Großeltern im Dorf. Da liegt hinter dem Haus eine Pferdewiese. Opa nimmt die Kleine auf den Arm und zeigt ihr die großen Tiere, die sofort bis an den Zaun kommen.

„Isse fährlich!", sagt Käthe und klammert sich an den Opa.

Auch das ist gefährlich

Andy hat bei der Großmutter übernachtet. Als er am nächsten Morgen abgeholt wird, fragt Mama, wie's denn war bei der Oma.

„Wunderbar, aber isse fährlich!", sagt Andy lachend.

Am Abend vorher beim Wechseln der Windeln hatte Oma ihn kräftig durchgeschüttelt, weil er nicht Schlafengehen wollte.

Vergessliche Mutter

Imkes zweiter Geburtstag. Die Gäste sitzen am Kaffeetisch, das Geburtstagskind im Hochstuhl. Mama hat hübsch gedeckt, serviert Kuchen, gießt Kaffee ein und alle beginnen zu essen.

Da sagt die Kleine laut und bestimmend: „Take an!"

Mama hat vergessen, die Kerzen am Geburtstagskränzchen anzuzünden.

Drei-Wort-Satz

Jens kommt mit dem Vater nach Haus. Sie waren an der Beeke zum Spielen.

Stolz berichtet der Kleine: „Nein Wascher popp!" (Ich habe einen Stein ins Wasser geworfen, und das hat popp gemacht!)

Die Mutter versteht ihn sofort. Auch sie ist ganz stolz: „Der erste Drei-Wort-Satz!"

Alles in Ordnung?

Andreas wird drei und spricht immer noch nicht. Er versteht alles, lächelt freundlich, sagt aber nichts. Bei seinen Geschwistern war das ganz anders.

Die Eltern sind langsam besorgt und überlegen, ob es mit dem Hören zusammenhängen könnte. Ein Termin beim Arzt wird vereinbart.

Als sie dem Kleinen davon erzählen, sagt Andreas: „Wieso, war doch bis jetzt alles in Ordnung."

Löwen auf dem Dach und Lolli-Bahn

Max macht Urlaub an der Ostsee, zusammen mit Mama und Oma. Sie wohnen in Kühlungsborn in einer schönen Ferienwohnung mit Dachterrasse. Max geht hinaus und schaut erstaunt hinunter auf die Straße und hinüber zu den Dächern der anderen Häuser. Da sitzt oben auf dem Schornstein des Nachbarhauses ein großer weißer Vogel.

„Eine Möwe", sagt Oma.

„Löwe", sagt Max.

„Die Möwe heißt Willi", sagt Oma.

„Lilli", sagt Max.

Es kommen noch zwei Möwen angeflogen und setzen sich rechts und links auf den Dachfirst, genau an die Ecken.

„Drei Möwen auf dem Dach", sagt Oma.

„Drei Löwen", sagt Max und lacht.

Dann ruft er: „Löwe, pomm!"

Aber die Möwen fliegen davon.

„Sie fliegen zur Ostsee", sagt Oma.

„Wo Ostsee iss?", fragt Max.

Natürlich wollen die drei Urlauber eine Fahrt mit der Molli-Bahn machen, die zwischen Kühlungsborn und Bad Doberan hin und her fährt, mit Dampf.

„Wir fahren mit der Molli-Bahn", sagt Oma.

„Lolli-Bahn", sagt Max und fragt: „Wo Lolli-Bahn iss?"

Die Wortschöpfer

Familienwörter

Es gibt Kinderwörter, die auch nach Jahren noch in den Familien benutzt werden und immer wieder freudige Erinnerungen wachrufen. Oft sind sie ähnlich bei den verschiedensten Kindern, z. B. Loko-Mokotive oder Moko-Lotive.

Das älteste Kinderwort in unserer Familie stammt vom lange verstorbenen Urgroßvater, der als kleiner Fritz gesagt hat: „Auf den Stoffeln kann ich nicht laufen." So ist das Stoppelfeld heute noch manchmal ein Stoffelfeld.

Aus dem Klippenturm, einem beliebten Ausflugsziel in der Nähe, machte unsere Tochter einen „Lippedom", zu dem wir heute noch gern wandern. Und das „bracko" des Enkels ersetzt schon mal den Bravoruf.

Die „Schafsuppe" (scharfe Suppe), die unser kleiner Sohn so gern aß, gibt es heute noch unter dieser Bezeichnung.

Wir freuen uns auf Weihnachten und den „Weinmann", den der Enkel Max kurz und bündig erfunden hat.

Die Mehrzahl von Kamm ist „Kämmer", klar doch. Ein Trecker kommt „angetreckert", und ein Gabelstapler muss natürlich „gabeln", wurde von Paul übernommen.

Die passende Bezeichnung „Tomatenmarmelade" für Ketchup erfand die Großnichte Ida.

Der neue Name

Max fährt gern mit dem Großvater ins Nachbardorf und spielt an der Beeke, einem kleinen Bach.

„Hier bin ich aufgewachsen", erzählt der Opa, „und nun wohnt Friedhelm mit seiner Familie hier."

Als Max das nächste Mal bei den Großeltern zu Besuch ist, bittet er: „Können wir wieder zu Friedmütze an die Beeke fahren?"

Rätsel

Die Großeltern sitzen gemütlich am Wohnzimmertisch und raten Wörter, die in Kästchen geschrieben werden. Andrea schaut interessiert zu.

„Sie machen Kreuzverdrehtsel", erzählt sie später der Mutter.

Seitdem benutzt nicht nur Andrea das anschauliche Wort.

Viel Wind

An der Nordsee weht der Wind, und Paul sagt: „Es windet!"

Wenn es zu sehr windet, mag er das gar nicht.

Auf der Terrasse bei den Großeltern weht ein Zettel davon, und Paul sagt: „Jetzt ist der weggewindet!"

Saubermachen

Oma fegt die Terrasse:

„Jan will auch mal beesen."

Heike schaut aus dem Fenster. Draußen fegt die Nachbarin den Bürgersteig.

„Die beest schon wieder!"

Mit dem Holzgewehr

Die Kinder im Sandkasten haben Holzgewehre und spielen „schießen".

Der kleine Jens bittet: „Nenn (so nennt er sich eine Zeit lang) will auch mal piffen!"

Tatütata

Auf der Straße fährt ein Rettungswagen mit Blaulicht und Hupe vorbei. Nicole läuft ans Fenster und schaut hinaus.

„Mama, ist da wieder ein Umfall (Unfall)?", fragt sie interessiert.

Bei der Krankengymnastin

Julian muss Übungen mit dem Ball machen. Manchmal klappt es gut, manchmal nicht.

„Der Ball ist zu rollig!", beschwert sich Julian.

Liebes Kind

Die Großmutter und Amelie machen einen Besuch bei Bekannten. Die Kleine ist ganz besonders lieb.

Auf dem Nachhauseweg lobt Oma: „Du warst ja so lieb heute!"

Amelies Antwort: „Ja, nicht!? Und ich hab auch gar nicht rumgezickt und auch nicht geschreit!"

Adventszeit

Jens war mit dem Papa bei Tante Dorothea. Als er zurückkommt, hat er eine Brezel am roten Band mit Schleife um den Hals hängen.

Sein Kommentar: „Die hat sie mir eingeschleift!"

Weihnachtlich

Die Mutter schmückt den Weihnachtsbaum. Ivo reicht Kugeln und Sterne an. Dann entdeckt er einen hübschen Engel aus Holz.

„Der kann da auch noch rum engeln", meint das Kind.

Rotkäppchen

Großvater liest Märchen vor.

Pia hat eigene Vorstellungen: „Du bauchst mir nicht vorzulesen, wo die Oma gestorbt ist!"

Vor der Entbindungsstation

Tante Rita hat ein Baby bekommen. Die Mutter nimmt Lilli mit zu einem Besuch im Krankenhaus.

Als sie bei der Entbindungsstation ankommen, erzählt Mama, dass hier die Kinder geboren werden.

„Bin ich hier auch gebohrt?", fragt Lilli.

Quarkbällchen

Max mag besonders gern Quarkbällchen. Er hilft der Großmutter, indem er die warmen Kugeln in Zucker mit Vanillezucker wälzt. Beim ersten Probieren fällt ihm etwas auf.

„Du hast da Rum reingetan. Ich hab das sofort erschmeckt!",
beschwert er sich – und steckt das nächste, noch warme
Bällchen in den Mund.

Nicht schimpfen

Jens hat etwas Dummes angestellt, Papa will wohl mit ihm schimpfen.

„Dann bin ich aber geleidigt!", gibt der Kleine zu bedenken.

Ein andermal, als er das verärgerte Gesicht des Vaters sieht, bittet er: „Sei doch wieder lieblich zu mir!"

Maikäfer

Anne, die Erzieherin, macht mit ihrer Kindergartengruppe einen Waldspaziergang. Es ist noch kühl an diesem Frühlingsmorgen.

Plötzlich entdecken die Kinder auf dem Waldboden einige Maikäfer, die auf dem Rücken liegen und sich nicht bewegen. Erstaunt werden die Käfer beobachtet.

„Sind die noch lebig!", fragt Mia.

Auskunft

Der Großvater fragt Ida: „Hast du heute eine neue Hose an?"

Antwort: „Die hat Oma mir gegibt!"

Bewunderung

Carina schaut Tante Eva an, die gerade ausgehen will.

„Deine Angezogenheit ist besonders chic!"

Wörtlich genommen

„Was ist dein Vater von Beruf?", werden Kinder häufig gefragt.

„Pappmacher", sagt Miriam stolz.

(Der Vater arbeitet in einer Druckerei.)

Beim Italiener

Der Vater fragt Klein-Ida: „Was möchtest du essen?"

Wie aus der Pistole geschossen kommt Idas Antwort: „Pizza mit Alarmi (Salami)."

Kleines Geschenk

Philipp besucht Tante Lisa. Wie immer bekommt er drei Gummibärchen.

Er steckt sie der Reihe nach genüsslich in den Mund und sagt höflich: „Danke!"

„Gern geschehn!", sagt Tante Lisa.

„War das ein Gerngeschenk?", fragt Philipp.

Paul pflückt Kirschen

Im Garten von Pauls Großeltern gibt es einen Kirschbaum. In diesem Sommer trägt er viele dunkelrote Kirschen. Und die sind dick und haben keine Maden wie sonst manchmal.

„Sie sind so schön wie nie", sagt die Großmutter.

Der Großvater hat eine lange Leiter in den Kirschbaum gestellt und oben an einem dicken Ast festgebunden. Der Korb hängt griffbereit an einer Leine oben im Baum.

Paul (inzwischen 6 Jahre alt) steigt hinauf. Er darf Kirschen pflücken. Unten stehen Vater und Großvater – die sollen auf den Jungen Acht geben. Es sind schon viele Leute aus Kirschbäumen gefallen. Pauls Vater fotografiert.

Paul ist vorsichtig. Er pflückt nur Kirschen, die er gut erreichen kann. Und das sind ganz schön viele, denn der Baum ist übervoll.

Nach einer Weile ruft er: „Ich hab das hier weitgehend entkirscht!" und steigt die Leiter wieder hinunter.

Fantasievoll

Mondlandung

Am Tag der ersten Mondlandung – einem heißen Julitag 1969, unser Sohn war genau zwei Jahre und zwei Monate alt – waren wir zu dritt bei Nachbarn zum Fernsehen. Wir besaßen noch keinen eigenen Apparat. Es war natürlich spannend, und alle schauten wie gebannt auf den Bildschirm. Plötzlich sah ich die Bescherung: Ein Bächlein tropfte unten aus der kurzen Hose des kleinen Jungen. Vor lauter Aufregung und Begeisterung über die Mondlandung hatte er ganz vergessen, Bescheid zu sagen, was sonst schon gut klappte. Kein Wunder bei einem solchen Ereignis!

Einige Tage später saß der Kleine beim Frühstück in der Küche in seinem Hochstuhl. Er hatte ein halbes Brötchen in der Hand, pulte die weiche Mitte heraus, machte „sssss", bewegte die Hand Richtung Mund, als wenn sie ein Flugkörper wäre, und sagte „Mondmaschine". Dann verspeiste er die Brötchenmitte mit Genuss. Das wiederholte sich nun immer wieder. Und immer wieder mussten wir darüber lachen und an die Mondlandung denken.

Klar, dass wir später auch mit den Enkelkindern aus der Brötchenmitte „Mondmaschinen" pulten, die nach einem Flug und „sssss" im Mund landeten, mit oder ohne Butter.

Kochvergnügen

Käthe (gerade 2) bekommt zu Weihnachten einen Kochherd, schön aus Holz mit einem Backofen, vier schwarz gemalten Platten und blauen Kochtöpfen. Es gibt auch Kochlöffel, Topflappen und eine Schürze dazu.

Der Kochherd steht bei den Großeltern in der Küche. Käthe ist beschäftigt, aber auch Paul und Max interessieren sich fürs Kochen. Es wird gerührt, gefüllt, probiert, hantiert: Ofen auf, Ofen zu, Topf rauf, Topf runter.

Die Großmutter fragt: „Käthi, was kochst du denn gerade?"

Ohne zu überlegen kommt die Antwort: „Mit Eier!"

Auf dem Waldspielplatz

In Berlin gibt es sicher attraktivere Spielplätze, aber unsere Enkelkinder mochten viele Jahre lang den Waldspielplatz in Todenmann unterhalb des Klippenturms besonders gern. Unter riesigen alten Buchen gab und gibt es noch immer einige ziemlich rustikale Geräte zum Klettern und Schaukeln, eine große Holzeisenbahn und zeitweise sogar eine Seilbahn. Als diese einige Jahre später verschwunden war, baute unser Sohn eine eigene Seilbahn, mit der die Kinder von einem der hohen Bäume zum nächsten sausen konnten.

Bei jedem Besuch der Berliner Familie in Kleinenbremen war eine Fahrt zum Waldspielplatz selbstverständlich. Im Kindergartenalter liebte Paul die Holzeisenbahn, setzte sich in die Lok, und alle anderen bekamen Anweisungen zum Einsteigen.

„Fahren wir nach Berlin?", fragte der Opa.

„Nein, dies ist ein Regionalzug, der fährt nicht nach Berlin", antwortete der Lokführer.

Ein andermal saß Paul wieder in der Holzeisenbahn und spielte „Unter Tage". Wir waren vor kurzem mit den Kindern ins Besucherbergwerk eingefahren. Nun erzählte der Kleine, was es da alles zu sehen gab – die großen Maschinen, den Bohrhammer, den Schrapper, die Grubenbahn ...

„Woher weißt du das alles?", fragte der Großvater.

„Ich hab hier früher mal gearbeitet!", war die Antwort.

Und dann erklärte der Vierjährige: „Frauen dürfen hier nicht rein. Frauen im Bergwerk bringen Unglück."

Einige Wochen später – wieder auf dem Waldspielplatz und wieder Paul in der Lok – schlug der Opa vor: „Wollen wir noch einmal ins Bergwerk einfahren?"

Paul schüttelte den Kopf: „Geht nicht. Ist heute geschlossen."

Kleine Besserwisser

Sternenhimmel

Großvater und Paul stehen oben auf der Wiese und schauen zum Himmel. Es wird gerade dunkel, und neben dem Mond kann man einen ersten hellen Stern erkennen.
„Schau mal, der Abendstern", sagt Opa.
„Meinst du die Venus?", fragt Paul.
„Ja, weil sie am Abend als erster Stern zu sehen ist, nennt man die Venus auch Abendstern."
Mit einem weisen Lächeln sagt der Enkel: „Opa, und wie heißt der Morgenstern?"

Kindersicherung

Die Großmutter hat neue Clips zum Verschließen von Tüten, die etwas anders sind als die alten und so hat sie Schwierigkeiten beim Öffnen.
Kommentar von Max, der das eine Weile beobachtet hat: „Das sind welche mit Kindersicherung!"

Piratengeschichte

Die Großmutter liest vor, auf Wunsch Pipi Langstrumpf, zum wiederholten Mal.
„Weißt du, Oma, als ich noch klein war, fand ich Piraten ganz gruselig. Aber wenn man schon erwachsen ist, findet man die nicht mehr so gruselig", sagt die dreijährige Lina.

Gutes Benehmen

Martin aus Berlin ist bei den Großeltern im Dorf zu Besuch. Gleich vor den Garagen verläuft die Straße – ohne Bürgersteig,

Es ist wenig Verkehr, aber Oma macht sich Sorgen, dass der Kleine einfach losrennt.

„Martin, pass auf ...", sagt sie.

Aber bevor sie fortfahren kann, wird sie schon unterbrochen: „Weiß schon Oma, ich muss alle Leute grüßen."

Gut informiert

Die Großeltern fahren mit Emily ins Nachbardorf, einige Kilometer auf schlechter Straße durch's Feld.

„Das holpert aber", meint Emily (4).

„Ja, schlimm!", bestätigt die Oma.

„Das ist die Federung am Auto", weiß Emily.

Und als Oma fragt: „Wer hat dir das denn gesagt?", empört sich die Kleine: „MIR braucht man nichts mehr zu sagen!"

Der richtige Weg

Der Großvater, Onkel Jens, Paul und Max fahren zum Dinopark – damals noch ohne Navi. Irgendwo hinter dem Schaumburger Wald schaut der Onkel in der Karte nach und überlegt, wo sie am besten weiterfahren.

„Ich glaube, die nächste Straße rechts ab", meint Opa.

Max (3), hinten im Auto, hat auch eine Meinung. Er war ja schon mal beim Dinopark mit Mama und Papa.

„Wir fahren immer geradeaus", sagt er.

Widerworte

Carina (3½) stellt sich vor die Urgroßmutter, stemmt die Hände in die Hüften und sagt: „Uroma, ich will dir mal was erzählen! Oma hat gesagt, ich darf im Garten Pipi machen, aber Opa hat ‚nein' gesagt."

Dann fügt sie nach einer kurzen Pause sehr entrüstet hinzu: „Ich kann nicht verstehen, warum der immer Widerworte gibt!"

Märchenkenntnis

Alexandra und Mama schauen aus dem Fenster. Draußen geht ein Mädchen vorüber.

„Wer ist das?", fragt Alexandra.

„Annika Hänsel", sagt die Mutter.

„Aber Hänsel und Gretel sind doch im Wald!", weiß die Kleine genau.

Englisch sprechen

Die Eltern sind unterwegs, Oma und Opa hüten die Kinder. Julius weiß, dass die Großeltern lange in Amerika gelebt haben und gut Englisch sprechen.

„Ich will auch Englisch sprechen", sagt der Kindergartenjunge.

Und Opa übt mit ihm: „My name is Julius."

Das geht ziemlich schnell schon recht gut.

„Noch mehr", bittet der Kleine.

„I like Leberwurst", sagt der Großvater.

„I like Leberwurst", übt der Junge, im guten Glauben, dass es sich bei Leberwurst ebenfalls um ein englisches Wort handelt. Dann übt er beides hintereinander.

Die Eltern kommen zurück, und stolz sagt Julius: „Ich kann Englisch. My name is Julius. I like Leberwurst."

Auf Spanisch

Marcel wächst zweisprachig auf. Sein Vater ist Deutscher, seine Mutter kommt aus Südamerika.

Der nette Herr Weber von nebenan begrüßt den Kleinen, der gerade mit Mama aus dem Kindergarten kommt, und fragt: „Wie war's denn?"

Marcel antwortet: „Ganz gut, wir haben draußen gespielt."

„Kannst du das mal auf Spanisch sagen?", bittet Herr Weber.

„Nein, das verstehst du ja doch nicht!"

Schnelle Hilfe

In den Kindergarten kommen zwei neue Mädchen aus Spanien, die noch nicht Deutsch sprechen. Am dritten Tag weinen beide sehr. Die Erzieherin bittet Marcel, mit ihnen zu reden.

Nach einiger Zeit kommt er zurück und berichtet: „Die eine hat dolle Bauchschmerzen. Die andere hat nichts und weint nur so mit."

Selbstbewusst

„Sag mal Nicole, wen findest du am nettesten von den Mädchen im Kindergarten, Jessica, Nadine, Carina oder wen sonst?", fragt Mama.

„Die Jessica?", Nicole überlegt. „Aber am allerbesten finde ich mich!"

Geschmacksnerven

„Kinder können besser sehen, besser hören, besser riechen und haben auch feinere Geschmacksnerven", erklärt die Großmutter beim Mittagessen.

Sie hat Kräutersalz auf die Pommes frites gestreut. Max will kein Salz. Die Großmutter gibt ihm eine andere Portion. Nun isst Max seine Pommes, mit den Fingern und mit Vergnügen.

Verschmitzt schaut er die Großeltern an und meint: „Eure Geschmacksnerven sind schon ausgeleiert."

Oma/Opa müssen das erst einmal schlucken.

Da fügt Max hinzu: „Neue gibt's nicht."

Gewitter

Daniel und Jonas schauen aus dem Fenster des Kindergartens. Draußen blitzt und donnert es.

„Gewitter sind gefährlich", sagt Daniel.

„Ja", erwidert Jonas, „aber bei uns auf dem Haus ist ein Blitzarbeiter."

Daniel weiß das besser: „Das heißt nicht Blitzarbeiter, das heißt Blitzableiter, und der nimmt sich den Blitz und schickt ihn runter bis in die Erde!"

Verwunderliches

Mama kann alles

Zum ersten Mal ist Lena auf der Insel. Zum ersten Mal läuft sie mit nackten Füßen durch den warmen Sand zum Meer. Sie staunt und strahlt und lacht. Nun mit den Füßen ins Wasser, Nordseewasser.

„Zu kalt!", sagt Lena, schaut vertrauensvoll Mama an und bittet: „Mach das mal warm."

Gut verpackt

Frühstückspause im Kindergarten.

Klara – mit einer Banane in der Hand – wendet sich vertrauensvoll an Elisabeth, die Erzieherin: „Machst du mir die bitte mal auf? Meine Mami macht die immer so fest zu."

Spielsachen sind wichtig

Jens wird ein Geschwisterchen bekommen. Mama hat schon einen ziemlich dicken Bauch. Der Kleine darf fühlen, wie sich das Baby bewegt.

„Hast du da auch Spielsachen für das Baby drin?", fragt er besorgt.

Bauklötze

Es kann nicht schaden, wenn man alles aufhebt, dachte die Generation der Großeltern – noch an Zeiten gewöhnt, als man nichts kaufen konnte und sie selbst Kinder waren. So lagerten auf dem Dachboden alte Spielsachen, Bilderbücher und Mengen von Bauklötzen, zur Freude der Enkelkinder. Als Opa zwei Säcke mit Stofftieren ausschüttete, warfen sich die Kleinen hinein, und ein Regentag war gerettet.

An einem anderen Tag schmiss Paul die Bauklötze auf den Küchenfußboden und rief: „Der Paule laut ist."

Zu einem alten Holzbaukasten mit Namen Matador gehören eine Menge kleiner runder Stäbe in verschiedenen Farben und Längen.

„Pack sie in den Kasten", sagte der Großvater, „darüber kann man leicht stolpern."

„Zum Beispiel ich", war Pauls verständnisvoller Kommentar.

Musikerziehung

„Heute singt man nicht mehr mit den Kindern", sagte die Verkäuferin in der Musikalienhandlung, als ich nach einem Kinderliederbuch mit Klaviernoten fragte. Das war im Jahr 2000 und unser erster Enkel war gerade geboren.

Wer ist „man"?, dachte ich. Wir jedenfalls werden mit Paul singen, der eine besser, der andere schlechter.

Die Verkäuferin breitete trotz ihrer Befürchtungen mehrere Notenhefte vor mir aus. Eines davon kam mir sehr bekannt vor, aus der Klavierstunde vor etwa 50 Jahren.

„Gibt es das immer noch?", fragte ich.

„Ja, das haben wir schon sehr lange", war die lakonische Antwort.

Ich wählte ein neueres Heft mit einem lustigen Titelbild und übe nun „Es klappert die Mühle am rauschenden Bach" und „Schlaf, Kindchen, schlaf".

In der Adventszeit machte ich mir selbst eine große Freude mit dem Kauf einer Spieluhr für Paul, eine aus Seiffen im Erzgebirge. Ich suchte lange auf einer Ausstellung im Mindener Museum und wählte dann eine Spieluhr in Naturholz mit einer Krippe. Sie spielt „Stille Nacht". Ich stellte sie auf ein Schränkchen, zog sie auf, hörte der Melodie zu, sah, wie die Hirten und Könige sich drehten, und freute mich auf Pauls Reaktion zu Weihnachten. Na ja, die Vorfreude ist eben oft die schönste. Paul beachtete meine Spieluhr kaum, er hatte schon eine andere bekommen, ein gelbes, kindgerechtes Plastikkamel, das er in die Hand nehmen kann. Es spielt ein Lied, von dem wir immer noch nicht wissen, wie es heißt.

Ungefährlich

Phillip (3) schaut wie gebannt an die Hauswand, wo er etwas entdeckt hat.

Als Tante Lisa näher kommt, dreht er sich um, zeigt auf das, was da krabbelt, und sagt: „Ein Marienkäfer. Brauchst keine Angst zu haben, der beißt nicht."

Eine besondere Uhr

Die Urgroßeltern hatten zur Goldenen Hochzeit eine wunderbare Uhr bekommen. Unter einer Glaskuppel bewegen sich vier Kristallkugeln hin und her.

Klara sieht andächtig zu und sagt: „Schau mal, fährt los!"

Armes Kind

Lilli läuft barfuß über die Wiese zum Nachbarhaus.

„Warum läufst du barfuß?", fragt die Nachbarin, „hast du keine Schuhe?"

„Hab keine Schuhe", sagt Lilli.

„Gar keine Schuhe?", fragt die Nachbarin noch einmal.

Lilli schüttelt energisch den Kopf: „Nein, keine Schuhe!"

Ehrlich

Till und Vater treffen in der Straßenbahn eine Frau aus ihrer Wohnsiedlung, in der sich auch ein Hallenbad befindet.

Die Frau fragt den Kleinen: „Erinnerst du dich nicht an mich. Gestern habe ich dich mit deinem Papa im Schwimmbad gesehen. Er hat mit dir Schwimmen geübt."

„Ach ja", sagt Till, „dann bist du die Frau mit der blöden lila Badekappe."

Verkaufstüchtig

Der Großvater will mit Clemens zum Kaunitzer Markt fahren. Da gibt es Ferkel, Ziegen, Schafe, Hühner und andere Tiere.

Der Kleine freut sich darauf und erzählt stolz der Nachbarin: „Ich bekomme Hühner!"

„Das ist ja super. Aber was machst du mit den Eiern?", fragt sie.

Die Antwort erfolgt prompt: „Verkaufen."

Nach einer kleinen Pause fügt Clemens hinzu: „Du kannst schon welche kaufen."

Wie schön!

Lara und Isabell malen. Marion, die Erzieherin, fragt, für wen die Bilder sind.

„Für Mama", sagt Lara und schreibt MAMA auf ihr Blatt.

Auch Isabells Bild ist für die Mutter bestimmt. MAMA schreibt auch sie darunter, schaut dann zu Lara hinüber und meint: „Toll, deine Mama wird genauso geschrieben wie meine!"

Es schneit

Die Kinder schauen fasziniert aus dem Fenster.

„Du, Gott ist überall, im Himmel und auf der Erde", sagt Daniel.

„Ja, aber heute ist er sehr zerstreut", meint Lukas.

Zwischenlandung

Carina und Amelie spielen „Verreisen". Sie fliegen nach Portugal, landen, steigen aus, steigen ein und landen.

Als sie wieder einsteigen, fragt Oma: „Und wo wollt ihr jetzt hinfliegen?"

„Nach Afrika."

Die Großmutter äußert Bedenken: „Meine Güte. Muss das denn so weit sein?"

Darauf antwortet Carina: „Oma, mach dir keine Sorgen, das wird schon gut gehen!"

Ansichtssache

Marcel (4) und Mutter gehen einkaufen. Auf dem Bürgersteig vor dem Supermarkt kommt ihnen ein Mann in einem elektrischen Rollstuhl entgegen. Sehr geschickt fährt er um die beiden herum.

Marcel sieht ihn staunend an und meint: „Das muss aber Spaß machen!"

Der Mann antwortet kurz: „Geht so. Sieht nur so aus."

In Bewegung

Jens sieht zum Himmel hinauf und beobachtet die Wolken, ganz genau.

Seine Erkenntnis: „Papa, schau mal, wie der Himmel fährt!"

Und wer macht den Wind?

Oma Dagmar erinnert sich noch heute, dass sie als Kind die Bäume anschaute, die Bewegung der Blätter sah und sagte: „Die Bäume machen den Wind!"

Mit dem großen Kochlöffel

Paul (knapp zwei Jahre alt) bekommt von seinen Großeltern eine kleine rotkarierte Tasche mit einer rotkarierten Schürze darin. Seit längerem will er beim Kochen und Kuchenbacken helfen. Pauls Mutter bindet ihm die etwas zu große Schürze um. Pauls Vater holt einen Riesen-Kochlöffel vom Schrank. Den hat er am Sonntag benutzt und im großen Topf viele Portionen Gulasch gekocht.

Paul nimmt den großen Kochlöffel in die Hand. Pauls Vater greift zum Fotoapparat. Paul hält den Kochlöffel hoch und lächelt sein schönstes Kinderlächeln in die Kamera. Pauls Vater drückt auf den Auslöser.

Da sagt Paul: „Ich koch auch mal ein Kullasch für alle Menschen!"

Schwimmversuch

Lena (3) will im Urlaub auf Mallorca unbedingt schwimmen lernen. Im warmen Meer lässt es sich gut versuchen. Sie macht zwei, drei Schwimmzüge, sinkt aber immer wieder unter's Wasser.

Die Mutter will sie zum Essen holen: „Komm jetzt, wir wollen essen."

„Ja, ja, gleich, muss noch ein bisschen schwimmen."

„Komm doch jetzt!"

„Nur noch einmal schwimmen!"

„Aber du sinkst ja nur!"

„Ja, nur noch einmal sinken!"

Die Sache mit der Zahnfee

Von der Zahnfee haben mir Lasse und Lasses Mutter erzählt.

Lasse ist gerade sechs Jahre alt und kommt demnächst in die Schule. Das ist die Zeit, wo sich die Milchzähne so langsam verabschieden. Für kleine Kinder sind Milchzähne in Ordnung, aber wenn man älter wird, braucht man stabilere Zähne. Das hat die Natur schon praktisch eingerichtet.

Wenn ein Kind nun den ersten Milchzahn verliert, muss es ihn unter das Kopfkissen legen. Dann kommt irgendwann die Zahnfee, holt den Zahn weg und bringt ein Geschenk. Die Sache hat nur einen Haken: Der Zahn muss gut geputzt sein, also weiß aussehen, ohne Karies, nicht angefault oder so.

Lasse hat seine Zähne geputzt, seit er denken kann, schön im Kreis und drei Minuten und mindestens zweimal am Tag und manchmal mit Nachputzen von Mama oder Papa. Nun wackelt einer seiner Zähne schon seit Tagen. Lasse ruckelt etwas daran, und plötzlich hat er ihn in der Hand. Ein Glück, der Milchzahn ist weiß, nur unten ist ein bisschen Blut dran. In Lasses Mund schmeckt es komisch, etwas süß. So schmeckt also Blut, denkt Lasse und rennt ins Bad, spült den Mund aus und wäscht vorsichtig den Zahn ab. Prima, nichts Schlechtes dran. Er legt ihn behutsam unter sein Kopfkissen und wartet ab. Immer wieder schaut er nach, dann ist der Zahn weg, aber kein Geschenk liegt da.

Lasse ist mächtig enttäuscht, aber Lasses Mutter meint, die Zahnfee muss wohl erst was besorgen. Und richtig, abends als er schlafen geht, spürt er unter dem Kopfkissen etwas Hartes. Ein Päckchen mit zwei Schlümpfen drin, die hat er sich schon immer gewünscht. Lasse ist begeistert. Dank sei der Zahnfee!

Lasses Mutter sagt: „Wie gut, dass du immer die Zähne geputzt hast."

Einige Tage später findet Lasse zufällig seinen ersten herausgefallenen Milchzahn in einem kleinen Kästchen auf dem Nachttisch der Mutter. Er überlegt, ob die Sache mit der Zahnfee wohl noch ein zweites Mal klappt. Er nimmt den Zahn aus dem Kästchen, legt ihn wieder unter sein Kopfkissen und wartet und wartet und schaut immer wieder nach. Aber keine Zahnfee holt den Zahn weg.

Schließlich fragt er: „Geht das nur einmal, das mit der Zahnfee?"

„Ich denke schon", sagt Lasses Mutter, „nur einmal und nur mit dem ersten Milchzahn!"

Da bringt Lasse den Zahn zurück in das Kästchen auf Mutters Nachttisch und wartet, dass der nächste Zahn herausfällt. Ganz hat er die Hoffnung nicht aufgegeben, dass die Sache mit der Zahnfee noch einmal klappt. Man kann ja nie wissen.

Langeweile?

Die Großeltern sitzen auf der Bank, ruhen sich aus und blicken still in den Garten, wo entlang einer Furche die Wäsche baumelt.

Enkel Tobias kommt um die Ecke gerannt und schaut die beiden verwundert an.

„Was macht ihr denn? Guckt ihr der Wäsche beim Trocknen zu?", fragt er.

Auch das noch!

In Sicherheit

Die große Holzeisenbahn mit den roten Rädern und dem roten Schornstein hatte es dem Kleinen angetan. Er schob sie über den Teppich, dann über die Teppichkante und auf den glatten Fußboden. Hier rollten die Räder besser. Die Mutter stand in der Tür des Kinderzimmers.

Eigentlich ist der Junge noch zu klein für dieses Spielzeug, er ist doch erst zwei, dachte sie und schaute lächelnd zu, wie die winzigen Finger die Verbindung zwischen Lok und Wagen untersuchten.

Da gab es einen kleinen Metallhaken und eine Art Öse, die in das Holz geschraubt waren. Plötzlich hielt das Kind ein abgebrochenes Teil in der Hand. Das Metall blitzte, der Kleine betrachtete es aufmerksam. Die Mutter sah die scharfe Bruchkante des Hakens, erschrak furchtbar und stürzte auf das Kind zu: „Gib das sofort her, es ist viel zu gefährlich!"

Ganz verwirrt schaute der Kleine auf – hergeben, nein! Blitzschnell steckte er das Teil in den Mund und schluckte es hinunter – in Sicherheit.

Was nun? Die Mutter telefonierte. Ja, die Kinderärztin war da, sofort herkommen. Genaues Fragen, was hat das Kind verschluckt, dann die Überweisung ins Krankenhaus, die Röntgenaufnahme. Deutlich zu sehen in einer Ecke des Magens das abgebrochene Metallteilchen, knapp $\frac{1}{2}$ cm groß.

„Es besteht die Gefahr, dass Magen und Darmwand verletzt werden, aber man muss erst probieren, ob es auf natürlichem Weg herauskommt, bevor man operiert", sagte der Arzt. „Geben Sie dem Kind ausschließlich Kartoffelbrei mit rohem Sauerkraut vermischt."

Auf dem Rückweg vom Krankenhaus kauften Mutter und Kind ein. Rohes Sauerkraut, der Kleine hatte das noch nie bekommen. Ob er es vertragen würde? Pfanni-Pürree, das ging erstmal schneller. Wie sonst auch, war das Füttern kein Problem. Das neue Gericht schien dem Kind gut zu schmecken. Am Abend dasselbe, zum Frühstück am nächsten Morgen ebenfalls. Dann die Sitzung auf dem Töpfchen. Der gespannte Blick hinein.

„Ein Fugzeug von AA", sagte der Kleine stolz, während die Mutter besorgt den Inhalt untersuchte. Nichts!

Also wieder Sauerkraut und Kartoffelbrei, inzwischen selbst gekocht. Am andern Tag nach der Sitzung wieder der Blick ins Töpfchen. Und da am Rand blitzte es. Auf den ersten Blick – mit ungeheurer Erleichterung sah die Mutter das scharfe Metallstückchen. Sie wusch es ab, legte es dankbar in eine kleine Schachtel und stellte diese hoch oben in den Schrank – in Sicherheit.

Wäscheaufhängen

Damals (Ende der 60er Jahre) konnte man noch keine Wegwerfwindeln kaufen, und junge Mütter hatten viel Arbeit mit der Wäsche. Auch Wäschetrockner waren noch nicht erfunden. Es gab im Keller des Mehrfamilienhauses einen Trockenraum mit einem großen Fenster für alle sechs Familien, die hier wohnten. Natürlich durfte Jens immer mit der Mama in den Trockenraum. Das gefiel ihm besonders gut, weil hier sein Dreirad stand. Er sauste unter der trockenen Wäsche hindurch, die diesmal wohl Tante Gocko gehörte. Tante Gocko wohnte oben neben den alten Stocks, und Jens war gern bei ihr.

„Kannst du mich gebrauchen?", fragte er dann.

Heute war Tante Gocko aber nicht zu Hause. Mama nahm die Wäsche der befreundeten Familie ab und legte sie in einen bereit stehenden Wäschekorb. Dann begann sie, die frischgewaschenen Windeln aufzuhängen – eine ganze Menge.

Jens fuhr mit dem Dreirad hin und her und fand das nach einiger Zeit langweilig.

„Bald bin ich fertig, dann gehen wir zum Sandkasten", versprach Mama und hängte noch die Bettwäsche und die Handtücher auf.

Der Junge fuhr bis hinten in die Ecke des Trockenraumes und war nun unsichtbar hinter all der Wäsche.

„Fertig!", rief Mama endlich.

Jens kam aus der Ecke, stellte sein Dreirad an die Seite und beide gingen hinaus.

Die Sonne schien, Mama hatte den Kinderwagen mit der schlafenden Schwester neben die Bank geschoben und genoss einen Augenblick der Ruhe.

Bald darauf fuhr ein Wagen der Stadtwerke vor. Zwei Männer stiegen aus, gingen ins Haus, kamen aber schon bald wieder zurück. Laut unterhielten sie sich.

„So was ist mir noch nie passiert", sagte der eine. „Da rufen die Leute doch gleich die Stadtwerke an, wenn kein Wasser aus der Leitung kommt. Die hätten zuerst mal hinten im Trockenraum nachsehen sollen. Da war nur der Haupthahn an der Wasseruhr abgedreht. Wer das wohl war?"

„Na ja, die alten Stocks", meinte sein Kollege, „die werden auch immer tüdeliger, sonst war niemand im Haus."

Die Männer stiegen ins Auto und fuhren davon.

Mama hatte einen Verdacht und schaute Jens an, aber der war beschäftigt mit Kuchenbacken.

Noch ein Trecker soll kommen ...

Ob wohl alle kleinen Jungen Trecker lieben? Für Paul jedenfalls sind sie noch interessanter als Autos, Eisenbahnen und Baumaschinen.

Pauls Mutter erzählt von der stressigen Autofahrt von Berlin nach Kleinenbremen. Gleich am Anfang der Fahrt hatte sie auf einer Nebenstraße einen Trecker überholt, und Paul war begeistert! Aber dann auf der Autobahn ging's los. Paul jammerte ununterbrochen: „Ein Trecker soll kommen, ein neuer Trecker soll kommen ..." Kam natürlich nicht – auf der Autobahn.

Nun läuft Paul (etwa zwei Jahre alt) sofort in „seinen Spielkeller". Aus einem großen Eimer alter Matchbox-Autos sucht er einen winzigen Trecker, sagt begeistert: „Uuuhh!" Und schleppt ihn durchs Haus. Die Reifen fehlen, Paul bringt den Trecker zum Großvater und sagt: „Reparieren." Was dieser natürlich sofort erledigt. Der Trecker muss beim Essen neben dem Teller stehen und wird mit ins Bett genommen.

Am nächsten Tag schlägt Pauls Großvater vor: „Komm Paul, wir gehen Trecker angucken." Paul wiederholt: „Wir gehen Trecker angucken." Und fügt hinzu: „Wir beiden Süßen." Ob das wohl ein Satz ist, den Mama öfter sagt, wenn sie mit Paul zum Spielplatz geht? Der Großvater jedenfalls fühlt sich angesprochen und sehr geschmeichelt. Und die beiden Süßen machen sich auf zum nächsten Bauernhof, wo es auch Enkelkinder gibt. Die beiden Süßen werden freundlich aufgenommen, und Paul darf auf jedem der Trecker sitzen.

Ein Highlight erlebt Paul am nächsten Tag während eines Spaziergangs durch's Große Torfmoor. Paul auf dem Rücken seines Vaters sieht ihn zuerst und ruft: „Ein Trecker, ein Trecker!" Und was für einer, ein Lamborghini! Ich habe immer gedacht, dass sind Rennwagen. Aber man lernt durch die Enkelkinder eben viel dazu. Also, diese italienische Firma baut auch Nobeltrecker.

Wieder in Berlin, schaut Pauls Vater im Internet nach: bei allen Trecker-Herstellern. Und er kopiert die Bilder für Paul zusammen. Der drückt nun mit Begeisterung die Taste „Return" und blättert so von einem Trecker zum anderen. Nur der Lamborghini fehlt, den hat Pauls Vater noch nicht im Internet gefunden.

Berufswunsch

„Ich wär so gerne Zoodirektor", heißt es in einem Bilderbuch von James Krüss, das Max sehr gern hat. Er will später auch Zoodirektor werden, und alle überlegen, was für ein Studium dafür nötig ist.

Der Wunsch ändert sich über Feuerwehrmann und Bauarbeiter zu Jäger. Als Max in die Schule kommt, will er Mathelehrer werden. Aber auch das ist inzwischen nicht mehr gefragt.

Nun sind alle neugierig, was aus Max mal werden wird.

Wer die Wahl hat, hat die Qual

Bei einem Familienfest fragt Onkel Franz den Studenten: „Was aus dir wohl mal wird?"

„Das wüsste ich auch gern", ist die Antwort.

Der kleine Neffe fragt genauer.

Die Angaben sind zwar ziemlich unklar und vielseitig, aber nach einer Weile meint der Junge: „Das mach ich auch mal!"

Computerspiele

Zum Leidwesen von Eltern und Großeltern hat auch Ivo die Spielsucht erwischt, und er stürmt von Level zu Level. Aber er bekommt Medienzeit, und das ist gut so!

Da die meisten Erwachsenen keine Ahnung haben, fragt er Oma: „Weißt du eigentlich, was DS bedeutet?"

Ein Glück, sie weiß es und antwortet: „Ich denke Double Screen."

Ein andermal beobachtet sie den hoch konzentrierten Jungen beim „Daddeln" und meint: „Du könntest Computerspiele-Erfinder werden. Ich hab im Fernsehen gesehen, viele gibt's in Vancouver."

„Das hab ich auch schon gedacht, ein toller Beruf. Und Kanada wär nicht schlecht", meint Ivo.

Alles Diebe

Beim Segelflugtag hockt die ganze Familie am Rande des Flugfeldes an einem großen Tisch. Alle haben Bratwurst und Pommes gegessen. Es gibt Nachschub, und vor Käthe (3) steht eine weitere Bratwurst. Oma hat sie in Stücke geschnitten. Alle meinen, dass die ganze Wurst zu viel sei für das kleine Mädchen, und so piksen viele Gabeln hinein und ein Stück nach dem anderen verschwindet in anderen Mündern.

„Ihr seid ja Diebe!", ruft Käthe entrüstet.

Beim Zahnarzt

Der Zahnarzt war ein netter älterer Herr, aber noch von der alten Schule. Unser Sohn war im Kindergartenalter, als ich ihn zum Nachschauen mit in die Praxis nahm. Zuerst kam ich an die Reihe. Alles in Ordnung. Dann kam der Kleine auf den Behandlungsstuhl.

„Bitte, mach den Mund auf!", sagte der Zahnarzt.

„Bitte, mach den Mund auf!", sagte ich.

„Bitte, mach den Mund auf!", sagte wieder der Zahnarzt.

Der Kindermund blieb geschlossen. Heute würde ein fortschrittlicher Zahnarzt es doch sicher mit dem Überreden versuchen oder irgendwelche psychologischen Tricks anwenden. Aber nicht so damals.

Ganz ruhig wandte sich der Herr im weißen Kittel zu mir um und befahl: „Er soll morgen mit seinem Vater wiederkommen!"

Stumm verließen wir die Praxis. Erst hinter der Hecke auf dem Bürgersteig bekam ich wieder Luft und –„Zong!" – haute dem Kind eins hinter die Ohren ...

Gewalt, nein niemals, hatten wir uns geschworen. Niemals schlagen wir unsere Kinder. Und nun? Beschämt muss ich gestehen, es geschah kaum wegen des Kindes, sondern weil ich mich in meiner weiblichen Eitelkeit gekränkt fühlte. Vielleicht hätte ich mich besser am Zahnarzt vergreifen sollen?

Am nächsten Tag ging der Vater mit dem Sohn in die Praxis. Der Kleine saß im Stuhl, öffnete brav den Mund, der Zahnarzt schaute hinein. Alles in Ordnung.

Von einer couragierteren Mutter wird erzählt, dass es ihr damals ähnlich erging. Der Sohn machte den Mund nicht auf. Sie holte aus, der Kleine zog den Kopf weg und die Ohrfeige landete beim Zahnarzt!

Das Hochbett

Heinrich hieß Heinrich, weil sein Vater so hieß und auch sein Großvater. Zusammen mit Schwester, Mutter und Großmutter lebten sie auf dem großen Bauernhof mitten im Dorf. Um die Männer unterscheiden zu können, hieß Großvater „der alte Heinrich", Vater „der junge Heinrich" und der Fünfjährige war „der kleine Heinrich". Die Kinder riefen ihn manchmal Heini, Mama mochte das gar nicht, aber dem kleinen Heinrich war es völlig egal. Er hatte so seine eigenen Wünsche und Vorstellungen. Eigentlich wurde von ihm erwartet, dass er aufs Pferd stieg, wie seine Schwester Meike. Aber Spaß am Reiten hatte er nicht.

„Das ist Mädchensache", war seine Ausrede.

Lieber ging er zum alten Heinrich, dem Großvater, um das Treckerfahren zu probieren, oder er besuchte seinen Freund Ole, der ein paar Häuser entfernt wohnte. Ole hatte ein großes Kinderzimmer mit vielen Spielsachen – und mit einem Hochbett, unter dem man sich verstecken konnte. So ein Hochbett, das hätte Heinrich auch gern. Er wünschte es ich zum Geburtstag im August.

„Nein!", sagte Mama. „Du hast ein ordentliches Bett. Außerdem, Meike ist zwei Jahre älter als du und hat auch keins."

Nun wünschte Heinrich sich zu Weihnachten nichts als ein Hochbett. Er wartete sehnsüchtig auf den Dezember. Die Zeit verging so langsam.

„Die Zeit vergeht immer schneller", sagte der alte Heinrich.

Das war für den kleinen Heinrich unvorstellbar. Ihm verging die Zeit nicht schnell genug.

Weihnachten kam, und der Junge nahm seine Geschenke, verkroch sich im Badezimmer und weinte. Kein Hochbett.

Es war im Februar, als Mama Besuch von ihrer Freundin Imke bekam, die noch studierte und gerade mal wieder umziehen wollte.

„Ich kann mein Hochbett nicht mehr gebrauchen. Habt ihr Verwendung dafür?", fragte sie.

Mama schaute den kleinen Heinrich an, und der zeigte auf seinen Bauch und nickte.

Einige Tage später räumten die beiden jungen Frauen das alte Kinderbett weg und bauten das Hochbett auf. Ganz allein, ohne Papas Hilfe. Der Junge staunte. Er stand dabei, sah zu wie ein Fachmann und hatte die Hände an beiden Seiten in die Hüften gestemmt.

„Du siehst aus wie der alte Heinrich!", sagte Mamas Freundin.

Als alles fertig war, schaute sie den Kleinen fragend an. Wie er sich freute, hatte sie schon gemerkt.

Nun sagte er einfach: „Dass ich das noch erlebe!"

Herzlichen Dank

allen, die mir von ihren Kindern, Enkeln, Urenkeln, Nichten, Neffen oder aus ihrer eigenen Kindheit erzählt haben,

allen, die mir beim ersten Vorlesen aufmerksam zuhörten,

allen, die mir bei der Auswahl der kleinen Geschichten und des Titelbildes mit Rat und Tat zur Seite standen,

allen, die sorgfältig Korrektur gelesen haben.

Herzlichen Dank dem Merkur Verlag, der aus meiner Sammlung ein Buch werden ließ.

Kleinenbremen, Juli 2014

Marlies Kuhlmann

Aus dem Buch
„Acht linke Schuhe – Menschengeschichten von gestern und heute"

Die Geschichte der Frieda B. aus R. bei Berlin

Wohl nirgendwo kommt man einem wildfremden Menschen in wenigen Tagen so nahe und erfährt so viel von ihm wie in einem 2-Bett-Zimmer im Krankenhaus, besonders wenn ein gemeinsam... [Text teilweise verdeckt]

...nd die Unfähigkeit zum Lesen ...en. So hörte ich nach und ...eda B. aus R., einem kleinen ...lt zwischen Untersuchungen, ... und Operation. Kaum zu ... waren, die wir gemeinsam ...Steglitz verbrachten, neun

...Enttäuschung groß über ...e Bettnachbarin, als die ...sehr stark behinderte, ...en Haaren saß da im

...n in mein eigenes Leid ...en sollte. ...mer allet so, wie et

...mkeit mit Frau B. ...erkte ich erst nach ...wir uns mit frem- ...war traurig, dass ...der keine Füße

...ch nicht unun- ...lte ungezwun- ...lz, wie sie ihr

Brummi wird abgeholt

Andere junge Paare sagen vielleicht: „Wir werden Eltern ..." oder „Ihr werdet Großeltern ..." oder „Ein Baby ist unterwegs ..."

Um uns die Schwangerschaft seiner Frau anzukündigen, sagte unser Sohn: „Wir wollen den Brummi abholen!" Und alles war klar.

Der Brummi ist ein über 40 Jahre altes großes Steiff-Tier auf Rädern. Ein richtiger Bär – auf dem man fahren kann. Wenn man an einer Metall-Öse zieht, macht er laut und vernehmlich: „Brumm!" Unser Sohn nannte ihn Brummi, sauste damit durch die Wohnung und liebte ihn sehr.

Heute ist Brummi sicher wertvoll, teuer war er schon beim Kauf. Aber mein Mann hatte damals (1968) im Lotto gewonnen, 5 Richtige, leider mit einer Tippgemeinschaft, und die Ausschüttung war niedrig. Als er am Montagmorgen ins Büro kam, ahnte er nichts. Die Kollegen waren enttäuscht über den geringen Gewinn.

Mein Mann aber freute sich über seinen Anteil von 2 000 DM, kam nach Hause und verkündete: „Wir kaufen für jeden etwas Besonderes!"

So gab es für den etwa 1½-jährigen Sohn den Brummi. Was hatte der für Stürme zu überstehen ... Auch die kleine Schwester sauste einige Jahre später damit durch die Wohnung, danach alle Kinder, die zu Besuch kamen. Wenn so ein kleiner Erdenbürger das zweite Mal zu uns kam, kannte er schon Brummis Parkplatz hinter dem Wohnzimmerschrank und steuerte – manchmal noch mit unsicheren Schritten – darauf zu. Wir mussten dann später Brummi für Kinder über fünf sperren, sonst wäre er sicher heute nicht mehr fahrtüchtig.

51

ISBN 978-3-8120-0340-7

Aus dem Buch
„HIER-Geschichten –
Rund um Schaumburg, Porta Westfalica und Taubenberg"

Die alten Türme stehen noch
Eine Geschichte vom Kloster Möllenbeck

„Es soll wieder Le...
sagte Bruder Fran...
staunten.
Vor über 500 Jahr...
Kloster Möllenb...
die war schon a...
Das Kloster M...
einer kleinen A...
weitem sieht...
uralten Rund...

Jahrhundert...
im Himmel...
Kloster hi...

Vom Uhu, vom Wachtelkönig, von Fledermäusen und anderen Tieren

Uhu vorm Fenster
Eine Geschichte von unserer größten Eule

ISBN 978-3-8120-0026-0

Aus dem Buch
„Luftballon und Riesenfüße – Anderswo-Geschichten"

„¡Hola!", sagt der Papagei. Das heißt „Hallo", aber die Spanier sprechen das h nicht mit. Die Taube hüpft ganz nah zum Käfig. Der Papagei blickt sie unverwandt an, und seltsame Laute kommen aus seinem Schnabel. Es hört sich an wie ein Kuss: „Schmatz!" „Gurr, gurr!", antwortet die Taube. Die Gäste, die auf der Terrasse sitzen und bisher auf den H̲͟ ͟ ͟ ͟ ͟ ͟ ͟ ͟ ͟n „Playa Blanca" geschaut haben, b̲ ̲ ̲ ̲ ̲ ̲ ̲ ̲ ̲ ̲ ̲ ̲ ̲ ̲ ̲ ̲ „Una paloma", sagt einer. ̲ ̲ ̲ ̲ ̲ ̲ ̲ ̲ ̲ ̲ ̲ ̲anderer. Das heißt: „Eine ̲ ̲ ̲ ̲ ̲ ̲ ̲ ̲aube". Die Taube ist wirk- ̲ ̲ ̲ ̲ ̲ ̲ dern eine besondere, klei- ̲ ̲ ̲ ̲ ̲ ̲raunen Streifen am Hals. ̲ ̲ ̲ ̲ ̲er, und scheucht die ̲ ̲ ̲ ̲ ̲eutschland würde man

̲ ̲ ̲ ̲ ̲rtola wieder auf die ̲ ̲ ̲ ̲t „Cocina del Mar" – ̲ ̲ ̲ruft der Papagei. Da ̲ ̲ ̲gt: „¡Hola!" Die bei- ̲ ̲ ̲ Deutsch noch in ̲ ̲ ̲ dass du heute wie- ̲ ̲ ̲us deinem Käfig?" ̲ ̲ ̲ade." Da kommt

̲ ̲ ̲fliegt gleich bis ̲ ̲ ̲ und die beiden ̲ ̲ ̲ „Ist das nicht ̲ ̲ ̲ht. Es ist viel ̲ ̲ ̲er war. Das ̲ ̲ ̲ett zu mir." ̲ ̲ ̲ht, ich hab's ̲ ̲ ̲en Papagei ̲ ̲ ̲ Ordnung, ̲ ̲ ̲ch fliegen

27

Verlaufen
Eine Geschichte von der Insel Amrum

„Tante Imke, ich muss mal", sagte Pia leise. „Das geht jetzt nicht. Da musst du schon warten, bis wir wieder im Kinderheim sind", antwortete Tante Imke, die mit einer Kindergruppe auf dem Rückweg vom Strand war. Sie gingen hintereinander auf einem schmalen Padweg durch die Dünen. Das Kinderheim NORDSEE lag nicht weit entfernt am Rande eines kleinen Kiefernwäldchens. Viele Kinder waren hier zur Kur, weil sie Husten oder Asthma hatten. Auf der Insel mit der guten Nordseeluft sollten sie ganz schnell gesund werden. Eigentlich war Tante Imke sehr nett, aber eben am Strand hatte sie alle zur Eile angetrieben: „Kinder, kommt ganz schnell. Es gibt Seenebel, die dicke Wolke liegt schon vorn über dem Meer." Ungern hatten die Kinder ihre Schaufeln und Sandspielsachen zusammengepackt und trotteten nun hinter ihr her. Lieber hätten sie noch weitergespielt. Sie hatten eine riesige Burg geschaufelt, und die war fast fertig. Es sollte die schönste auf der ganzen Insel werden. Pia hatte oben auf dem Wall der Burg ein Muster aus lauter blauen Muscheln gelegt. Ob morgen wohl noch alles heil war? An der Nordsee weiß man nie, was Wind und Wellen über Nacht anrichten.

14

ISBN 978-3-8120-0007-5

Aus dem Buch
„Damals, als Lisa ein kleines Mädchen war ..."

Herr und Frau König

Das Haus, in dem Lisa mit ihren Eltern wohnte, hatte einen großen Garten. Und rings um den Garten gab es eine dichte Hecke, damals als Lisa ein kleines Mädchen war.

Eines Tages kam Onkel Karl zu Besuch. „Oh, Lisa, schau mal", sagte er, „da ist ja ein Zaunkönig." Ein ⬚⬚⬚⬚ hüpfte ständig hin und her und verschwand in der dic⬚⬚⬚⬚⬚⬚⬚⬚nte schon die Schwarzdrossel, das Rotkehlche⬚
Zaunkönig hatte sie noch nie ⬚⬚⬚⬚
erkennen – an seinem Schwa⬚
erklärte Onkel Karl, der viel ⬚
Zaunkönig wieder zum Vorsc⬚
Schwanz, der in die Luft ra⬚
Onkel Karl: „Wieso heißt so ⬚
wusste der es auch nicht. ⬚
Zaunkönig. Lisa, die allem⬚
beiden nennen könnte. „Vi⬚
Aber alle Namen gefiele⬚
Onkel Karl: „Sie heißen ⬚
ja, die kleinsten König⬚
Königreich ist die ganz⬚

Bevor Onkel Karl wied⬚
die Zaunkönige in der⬚
geben." Lisa versprac⬚
entdeckte sie einen ⬚
den Büschen im G⬚
entdecken.

Eines Morgens, a⬚
Katze der Nachb⬚
Mauer wäre – u⬚
in Panik. Wenn ⬚
lief das Mädch⬚
Mieze läuft d⬚
Zaunkönige!"⬚
den, was ma⬚
„Ich werde e⬚
die Vögel w⬚

Die besten Ostereier der Welt

Tante Line und Onkel Ernst, der mit den Ohren wackeln konnte, wohnten etwa 4 km entfernt im Nachbardorf, ganz oben am Berg. Direkt hinter dem Haus begann der Wald. Aus dem Fenster konnte man manchmal Hasen und Rehe sehen. Nur vier Häuser standen hier, mit großen Gärten und Obstbaumwiesen. Und einmal in der Woche kam ein Kaufmannswagen. Das war ein Mann mit einem Bulli, in dem er all das mitbrachte, was die Leute kaufen wollten. Der nächste richtige Laden war weit entfernt, und ein Auto hatte auch hier noch niemand.

Am 1. Ostertag kamen
immer viele Verwandte
zu Besuch, weil es bei
Tante Line und Onkel
Ernst die besten Ostereier der Welt gab. Die
beiden besaßen mindestens 10 Hühner und
einen wunderschönen
Hahn. Onkel Ernst hatte
einen Außenstall aus
Draht gebaut und für die
Nacht im Keller einen
Innenstall. Am Tage
durften die Hühner und
der Hahn frei herumlaufen, oft liefen sie bis in den Wald. Wenn es Abend wurde, streute Tante Line Hühnerfutter in den Außenstall und rief: „Kuum, ti kuum, ti kuum, ti kuum ..." Sofort kam die ganze Schar angelaufen. Schnell wurde die Tür verschlossen. Die Hühner pickten noch ein bisschen und stiegen dann über die Hühnerleiter durch ein kleines Fenster ins Haus. Da saßen sie nachts in ihrem Innenstall auf einer Stange und schliefen. Das Fenster musste sorgsam mit einer Klappe fest verschlossen werden. Jeden Abend vor dem Zubettgehen fragte Onkel Ernst: „Line, is de Klappe taue?" – Wenn es dunkel war, kamen nämlich die Füchse aus dem Wald und liefen schnuppernd um das Haus. Sie hätten zu gern ein Huhn gefressen. Aber die Hühner waren im Keller sicher untergebracht. Am Tag passierte es selten, dass der Fuchs ein Huhn fing. Da schliefen die Füchse im Wald in ihrem

Lisa mit zwei Cousinen und einem Cousin

ISBN 978-3-8120-0009-1